LES COMMUNIONS HUMAINES

DU MÊME AUTEUR

Critique de la raison politique ou l'inconscient religieux. Gallimard, « Bibliothèque des idées », 1981, et collection « Tel », 1987.

Vie et mort de l'image. Une histoire du regard en Occident. Gallimard, 1992.

Croire, voir, faire. Odile Jacob, 1999.

Dieu, un itinéraire. Matériaux pour l'histoire de l'Éternel en Occident. Odile Jacob, 2001.

L'Enseignement du fait religieux dans l'école laïque, rapport au ministre de l'Éducation nationale. Odile Jacob, 2002.

Le Feu sacré. Fonctions du religieux. Fayard, 2003.

Le Siècle et la règle. Fayard, 2004.

Régis Debray

Les communions humaines

Pour en finir avec « la religion »

Fayard

« Les dieux dans la Cité », collection fondée en 1998 et dirigée par Esther Benbassa et Jean-Christophe Attias :

Daniel Dubuisson, *L'Occident et la religion. Mythes, sciences et idéologie.*

Jocelyne Cesari, *Musulmans et républicains. Les jeunes, l'islam et la France.*

Patrick Cabanel, *Les Protestants et la République. De 1870 à nos jours.*

Nadine B. Weibel, *Par-delà le voile. Femmes et islam en Europe.*

Jean-Louis Ormières, *Politique et religion en France.*

Hervé Flanquart, *Croyances et valeurs chez les jeunes Maghrébins.*

Chez Fayard

P. Cabanel, *Juifs et protestants en France, les affinités électives (XVIe-XXIe siècle).*

J.-P. Willaime, *Europe et religions. Les enjeux du XXIe siècle.*

X. Ternisien, *Les Frères musulmans.*

À *Maurice Sachot*

Antiquisant et philologue,
qui éclaire l'histoire par les
mots,
en joignant le scrupule à
l'audace.

Mes remerciements à François Boespflug, o.p., à Jean-François Colosimo et à Régis Burnet pour leurs si pertinentes remarques.

En marge des grands courants de pensée qui occupent le devant de la scène, l'auteur de cet opuscule interroge depuis un quart de siècle, parfois à contre-pied, ce qu'il est convenu d'appeler « le fait religieux ». De la Critique de la raison politique ou l'inconscient religieux *(1981) jusqu'au* Feu sacré *(2003), chaque étape s'est reposée sur la précédente. Au terme de cette longue marche d'approche, il lui est apparu que son effort d'élucidation n'avait pas seulement souffert de certaines faiblesses de vocabulaire, mais que les termes qu'on utilisait dans ce domaine, par inadvertance ou paresse, car obvies et admis par tous, comportaient bien des préjugés. Aussi, venu le moment de récapituler sa recherche, se sent-il obligé de revenir sur des usuels qui s'apparentent plus à des façons de s'aveugler qu'à des moyens de découvrir. Quitte à mettre sur la sellette un glossaire invétéré.*

« Nouveau lexique élémentaire » : ainsi

aurait pu s'appeler cet abrégé pour débutants. Puissent les docteurs en métaphysique, théologie ou herméneutique excuser la triviale modestie du propos. On ne s'adresse ici qu'à l'homme du commun, soucieux de comprendre, tout bonnement, de quoi on parle quand on dit, et mélange inconsidérément, les mots de religion, symbolique, sacré, foi, spirituel *ou* croyance.

Ce précis de vocabulaire n'a qu'un but : montrer que sous ce mot trompeur, la religion, il n'y a que des réalités immémoriales et simples qui nous concernent tous – y compris ceux, comme le signataire, qui croient n'en avoir aucune.

1

Un pot au noir : la définition

Définir la religion est un exercice cent fois répété, et désespérément peu concluant. De Cicéron à Mircea Eliade, de saint Augustin à Hans Küng, chaque auteur y va depuis deux mille ans de sa formule, et aucune ne fait encore consensus. La plus neutre, due au sociologue français Émile Durkheim (1858-1917), est la plus fréquemment citée par nos manuels : « Une religion est un système solidaire de croyances et de pratiques relatives à des choses sacrées, c'est-à-dire séparées, interdites, croyances et pratiques qui unissent en une même communauté morale, appelée Église, tous ceux qui y adhèrent. » Elle ne ralliera pas tous les suffrages. Pas de religion sans Église ? L'hindouisme n'en a pas, c'est d'abord un mode de vie. Houngan et Mambo, prêtre et prêtresse du culte vaudou, ne forment pas un corps sacerdotal hiérarchisé, mais ce défaut de système anima deux siècles durant la résistance haïtienne à l'esclavage. Il y a souvent pratique sans croyance : un juif agnostique peut célébrer Yom Kippour, et un sikh athée n'ira pas pour autant chez le coiffeur. Et, plus nombreuses encore, les communautés morales sans Église ni pratique : point besoin de pointer à la mosquée chaque vendredi pour se sentir et se dire musulman. Trois Espagnols sur quatre se déclarent catholiques, mais de ces quatre un seul va à la messe. Un Italien sur cinq de ceux qui se déclarent pratiquants, une majorité, n'y va jamais. Et l'observance elle-même peut survivre à la croyance : un bon catho français ne croit pas nécessairement en la Résurrection. Le « système », en bref, l'est de moins en moins. La vie se moquerait-elle de nous, les professeurs ?

Nous savons peu ou prou distinguer, Mauss (1872-1950) et Lévi-Strauss aidant, entre la *magie*, qui tend à intégrer l'homme dans la nature en transformant les actions humaines en processus naturels, et la *religion*, moins mécaniste, qui tend à intégrer la nature dans l'ordre humain, en humanisant les lois naturelles. À toutes fins utiles, les deux s'entraident, puisqu'un culte populaire ne saurait se passer de gestes miraculeux ni de supplications intéressées. Dans nos pieuses campagnes d'antan, les processions de mai, ou rogations, étaient censées faire mûrir les épis, et les offrandes de cierges ou d'ex-voto escomptent toujours quelque rétribution. Le rejet théologique de l'idolâtrie dans les monothéismes les plus arides ou épurés n'interdit pas les marabouts de l'islam africain, ni les rabbins guérisseurs du judaïsme séfarade, en Israël même, d'attirer les foules sur des tombes de « saints ». Quoi qu'il en soit de ces brouillages, la religion « proprement dite » reste floue, et le mistigri échappe. On ne le rattrapera pas avec « un corpus de croyances et d'institutions », ce fourre-tout pouvant aussi bien avaler une république, l'Europe ou la Maffia. Le terme se retrouve en fin du compte ballotté entre un emploi inflationniste ou cannibale (la religion du drapeau, des grands hommes, du sport, du vin, de la vitesse, etc.) et des dénégations prudes ou courroucées (la religion est à chercher dans les lieux de culte attitrés, point final). Comment faire la part, quand on évoque les « religions séculières », de l'analogie facile et du cousinage révélateur ? Soit la religion est un peu tout, et donc à peu près rien, soit elle désigne les confessions immatriculées, et ce n'est plus grand-chose, du moins dans nos contrées.

Aussi, la tentation sera forte de sauter par-dessus le pont aux ânes en arguant que cette omniprésente inconnue n'a pas besoin, pour circuler parmi nous, de *carte d'identité*, tant sa silhouette nous est familière. Lui demander ses papiers serait vétilleux, voire offensant. Le philosophe ou le sociologue remplaceront alors la *religion* par le *religieux*, qui serait la première moins le dogme et le magistère – ce qui revient à passer de la pluie au nuage. Ils enverront au diable la cote mal taillée pour se consacrer au cas par cas à tous les phénomènes que peut embrasser ce qualificatif un peu gazeux. Foin des abstracteurs de quintessence, soyons positifs et sans idée préconçue, bref, « scientifiques ». Allons droit aux faits. Soit. Mais, chassée par la porte, l'interrogation sur le fond reviendra par la fenêtre puisqu'il faudra bien, à un moment ou à un autre d'une enquête qui se sera voulue sans a priori ni œillères, délimiter son champ d'investigations ou d'illustrations. Faut-il, par exemple, dans un projet d'exposition itinérante sur l'expérience religieuse, inclure ou exclure des cimaises ou des bornes-écrans les religions politiques (les photos de Nuremberg ou de la place Rouge), telle ou telle voie de sagesse orientale (Confucius, Lao-tseu, Bouddha), les commémorations ritualisées de la Shoah, l'affiche des Droits de l'homme en Tables de la Loi, les rituels et symboles maçonniques, la ferveur inouïe des stades lors du Mondial ou des jeux Olympiques, telle prière publique à

Washington, etc. ? Si les organisateurs décident de dire oui à une cérémonie de candomblé du Brésil, mais non aux écoliers états-uniens la main sur le cœur devant le drapeau étoilé (*one nation under God*), oui aux soucoupes volantes mais non aux icônes d'Elvis Presley, on ne manquera pas de demander aux commissaires d'exposition quelle est leur pierre de touche. Comment séparer le bon grain de l'ivraie ? Sur la question dérangeante mais qui permet de ranger – à quoi identifier le religieux ? –, la politique de l'autruche se révélera tôt ou tard autopunitive.

On ne chinoise pas ici pour le plaisir. Le « par où passe la frontière ? » ne représente pas qu'un tourment muséal ou académique. Il a des enjeux immédiats, municipaux et nationaux, économiques et fiscaux. Le turban sikh est-il un signe religieux ou un attribut folklorique ? De la réponse dépendra la décision de tel chef d'établissement d'exclure ou non un garçon de son collège. Quel type d'association peut prétendre à sa reconnaissance comme cultuelle et non sectaire par le Conseil d'État ou le Bureau central des cultes – avec les prérogatives afférentes à ce statut (exemption de la taxe foncière et de l'imposition sur les dons et legs, déduction de 60 % pour les donateurs, etc.) ? Qui va payer les réparations des toits de la pagode ? À quoi distinguer le concert spirituel d'un simple récital de Bach ? Un lieu de pèlerinage comme la Sainte-Madeleine de Vézelay, du même en lieu de mémoire que le touriste s'estimera en droit de visiter à toute heure, et en short si cela lui chante ? Le trésor d'une crypte de cathédrale, où l'agenouillement est licite, d'un musée d'art sacré, où il serait incongru ? On ne tranchera pas d'un coup de serpe ces querelles de frontière. Le sacré est de nature réversible, puisque à la fois adorable et redoutable ; et l'ambivalence est inscrite dans ses gènes, depuis la Bible. « Tu ne tueras point. Mais va, extermine les Amalécites, et lapide la femme adultère. » Soit. Jusqu'où cependant va-t-on faire de la complexité, mot qui tourne au poncif, l'alibi d'un empirisme acéphale ?

Le voudrait-on, pour ne se brouiller avec personne, qu'on ne le pourrait pas, eu égard aux obligations de notre République laïque. S'il revient à nos gouvernants de faire en sorte que l'ensemble des religions puissent y cohabiter, à égalité de droits et de devoirs, le ministre de l'Intérieur le moins porté sur les pattes de mouche et les cheveux d'ange sera bien forcé de se poser la question : où commence, où finit cet ensemble ? Les dernières décennies y ont inclus, en sus de la « bande des quatre » concordataire (catholicisme, judaïsme, calvinisme et luthéranisme), l'orthodoxie, le bouddhisme et l'islam. Et les Témoins de Jéhovah ? Et les shivaïtes ? Et les scientologues ? Quel critère retenir pour admettre les uns et refuser les autres ? L'ancienneté ? À ce compte-là, bien des Églises évangéliques, africaines ou occidentales, passeront à la trappe. Le nombre des fidèles ? Ce serait pénaliser les dernières venues, et contredire le premier critère (les luthériens sont très minoritaires au sein du protestantisme français). La visée d'universalité ? Ce serait favoriser les religions missionnaires ou prosélytes, au détriment des juifs, des hindous et des « animistes » d'Afrique noire.

Perplexe, notre préposé au Bien public se tournera alors vers les décisions judiciaires, et il fera bien. Parce qu'ils n'ont pas à séduire les esprits mais à résoudre des problèmes, les juristes ne peuvent, comme les intellectuels qui opposent des idées à des idées, se payer de mots. Ils opèrent, eux, sous la sanction du réel. Aussi ont-ils prudemment contourné *religion* (le substantif ne figure pas dans la fameuse loi de séparation de 1905), pour n'employer que *cultes*. Notre « ministère de l'Intérieur et des Cultes » n'abrite pas un Bureau central des religions. Les rédacteurs de lois, avis et règlements connaissent la difficulté de distinguer clairement entre secte et

« nouveau mouvement religieux ». Aussi s'en tiennent-ils à la notion tout empirique de culte, qui est une *activité* (on n'exerce pas de religion). Qu'est-ce que l'exercice d'un culte ? Notre Conseil d'État (statuant en assemblée plénière le 10 octobre 1997) a répondu : « La célébration de cérémonies organisées en vue de l'accomplissement, par des personnes réunies par des croyances religieuses, de certains rites ou de certaines pratiques. » La définition est d'importance, encore plus si les pouvoirs publics se proposent à l'avenir d'aider à la construction de lieux de culte et au financement des « annexes »[1]. Le culte se définit par l'addition d'un *élément subjectif* (une croyance ou une foi) et d'un *élément objectif* (une pratique ou un rite collectifs). Religion désignera alors, par ricochet, l'association se destinant à l'exercice d'un culte. D'où se déduit qu'une théologie sans liturgie n'est pas une religion mais une philosophie. Et qu'une liturgie sans surnaturel ne fait qu'une chevalerie du tastevin ou un club olympique. Le stade, sous cet angle, n'est pas vraiment un lieu de culte puisque Zidane n'est qu'un demi-dieu – non plus que l'Arc de triomphe, puisque les liturgies auxquelles donne lieu la tombe du Soldat

---

1. Nicolas Sarkozy, *La République, les religions, l'espérance*, Cerf, 2004, p. 112.

inconnu, à date fixe, peuvent transfigurer la France en princesse des contes, non en déesse. Et pourtant... La dévotion des poilus de 14 envers la patrie, l'immolation d'un Marc Bloch en 1944 et le sang impur qui abreuve les sillons ne ressortissaient-ils pas à une religion de la République ?

Si, pressés par la nécessité, juristes et politiciens fixent des lignes de démarcation (plus ou moins contestables), les hommes de plume et de pensée ne sont pas toujours aussi précautionneux. Il existe pourtant de ce côté une approche critique des phénomènes baptisés religieux. Drapeau de modernité, l'étude objective et sourcilleuse des croyances, rites et dogmes s'est désaffiliée de l'autorité ecclésiastique dès la fin du XIXe siècle. Depuis les années 1870 en terre protestante (Genève, Hollande), et en France depuis 1879 exactement, quand fut créée une chaire d'histoire comparée des religions au Collège de France. En 1886, la faculté de théologie installée à la Sorbonne se vit couper les vivres, et dut quitter les lieux. Elle fut remplacée par la section des sciences religieuses de l'École pratique des hautes études (devenue plus tard la « V^e »). Cette discipline académique revendique le titre de science (mais qu'est-ce qui n'est pas science aujourd'hui ?) tout en l'atténuant par un pluriel de prudence, à l'instar des sciences morales et politiques. Les enseignants en ce sanctuaire sont appelés *chercheurs*, regroupés en *laboratoires*, dotés de crédits de *recherche* validant des *programmes*. Bref, dilettantes s'abstenir. Mais est-ce digne d'un savant que de se donner pour objet de laboratoire une habitude de langage, une appellation incontrôlée, voire une forme d'inertie mentale ? À travers ses plus fins représentants, notre sociologie, qui vénère la modernité comme les théologiens d'antan le bon Dieu, exalte « la religion de la sortie de la religion », par bonheur celle où nous baignons. Mais n'aurait-elle pas elle-même intérêt à faire retour sur une catégorie supposée naturelle, qui reste son impensé ? On ne donnerait pas cher de la psychologie si elle avait encore l'Âme pour objet, ni de la biologie s'il y était toujours question de la Vie. Et si, comme Noam Chomsky le remarquait un jour, l'astrophysique se contentait d'étudier le mouvement des planètes et des épicycles, en s'en tenant de façon béhavioriste aux phénomènes observables, sans une théorie physique générale, « nous ferions aujourd'hui de l'astronomie babylonienne ».

Nous n'avons plus de sistre ni de bonnet pointu, mais nous tenons quelque peu de l'astrologue ou du nécromancien quand nous réduisons les sciences religieuses à un catalogue incohérent de croyances, rites et mythes, un décrochez-moi-ça de citations habilitantes (Mauss, Müller, Dumézil, etc.). C'est le stade médiéval du savoir, quand l'autorité fait preuve. Une compilation vaut-elle problématique ? Les ergotages collégiaux où se complaisent plus qu'à leur tour nos prétendues sciences humaines, très à cheval sur la méthodologie, cultivent les joutes entre auteurs canonisés, au détriment des expériences les mieux documentées. Ce prurit inconsciemment scolastique risque de noyer le *quid* dans le *quomodo*. N'est-ce pas construire sans fondations sur un sol meuble que de prendre un mot reçu pour un objet scientifiquement élaboré ? Faut-il demeurer socialement crédule pour rester administrativement crédible ? Se devine, dans le champ mal délimité d'études stratégiques pour une bonne jauge des capacités humaines (et aujourd'hui plus que jamais), comme un mouvement pendulaire entre l'enquête sans théorie et la théorie sans enquête – un kantien dirait : entre l'intuition sans concept et le concept sans intuition. Le meilleur du chantier universitaire se partage entre, d'un côté, une érudition micrographique, implicitement nominaliste – via la description fine de tel ou tel culte daté et localisé, que plus jamais on ne verra deux fois –, et, de l'autre, des développements imprécis et grandioses sur la mort de Dieu, le désenchantement ou le réenchantement du monde, le devenir dieu de l'homme ou l'inverse, dans lesquelles l'histoire matérielle des mots, des sociétés et des cultures (autres que l'européenne) n'a pas droit de cité. Entre l'enquête pointue et la pensée de survol, entre le spécialiste qui bêche son carré d'archives sans le confronter à d'autres, au risque de ne plus penser, et l'imprécateur télévisuel qui s'exonère de tout examen de vocabulaire, de chronologie et de géographie, au risque d'élucubrer, on ne tiendra pas balance égale. Plus de poids ont à nos yeux profanes les chercheurs, les érudits, historiens ou sociologues, qui se sont, une fois dans leur vie, donné la peine de rentrer dans le tuf d'une institution et le vif d'une mentalité. Les philosophes, qui ont pour métier et vocation de lire et commenter des textes, parlent de *la* religion dans l'abstrait, comme d'un régime de discours, un finalisme ingénu, une faiblesse de pensée, bref, une branche déficiente de la philosophie recueillie dans des in-folios remplis d'erreurs de raisonnement qu'il leur revient de rectifier moyennant d'autres in-folios. Les anthropologues, eux, mettent sac à dos, partent en voyage et photographient, enregistrent ou décrivent ce qui *se fait*, se construit ou se chante chaque jour ici ou là, au lieu de réfléchir dans leur bureau à ce qui fut un jour couché par écrit. Ainsi savent-ils qu'un culte est d'abord une culture : sculpture du temps, de l'espace et du corps, alimentation, vêture, liens de parenté, statut civil, érotisme, architecture. Et c'est avec eux, du côté des arts d'aimer, de cuisiner et de vivre, qu'il nous faut séjourner, puisque rites et croyances modèlent d'abord des usages. Mais ce n'est pas parce qu'on préfère les *realia* aux châteaux de cartes qu'on doit se limiter au relevé épigraphique, au taux d'endogamie ou aux parcours de pèlerinage. Si l'on ne veut pas remplacer la déformation professionnelle du philosophe par celle de l'accessoiriste, admettons que le souci du *comment* n'invalide pas celui du *quoi* et du *pourquoi*, dût-on porter la hache sur nos totems académiques. Cette remontée aux premiers principes suppose une démarche « historico-contrastive » (Antoine Faivre). Elle seule peut parvenir à isoler, en se servant des variations historiques différentielles comme d'un tamis, quelques possibles invariants transhistoriques. Ce retour réflexif sur soi doit avoir l'honnêteté de commencer par le commencement : notre maître mot de religion. Les classiques et les classements scolaires ne nous ont-ils pas donné la funeste habitude d'aller du mot à la chose plutôt que l'inverse ?

C'est un expédient devenu faux-fuyant qu'il nous faut, après quelques autres, mettre à l'épreuve d'un rapide tour du monde pour dissiper le *smog* rhétorique où pataugent, faute d'éclaircissements préalables, nos fastidieuses et interminables querelles sur « laïcité et religion ».

La confusion la plus courante chez nous, Français, pose un trait d'égalité entre religion et croyance en Dieu – elle eût fait sourire Dostoïevski, à qui n'avait pas échappé que le socialiste russe était l'athée religieux parfait. Et notre sens commun tient pour des synonymes *religion* et *spiritualité*, amalgame aussi navrant que la confusion habituelle entre le pouvoir et l'autorité, voire entre la république et la démocratie. On oublie alors qu'exista naguère *La Foi laïque* – titre d'un livre du très républicain Ferdinand Buisson (1912) –, et que la libre pensée aussi se voulut spirituelle. Elle manqua, au début de la troisième République, faire une religion civile[1]. Confondre l'espérance avec l'obédience permet aux uns de réclamer pour les grandes religions une place naturelle au cœur de la vie publique (ce qui est contestable), étant donné que « la

1. Voir, de Patrick Cabanel, *Le Dieu de la République. Aux sources protestantes de la laïcité (1860-1900)*, Presses universitaires de Rennes, 2003.

question spirituelle n'est pas artificielle » (ce qui est indéniable) ; et aux autres, parce que les intolérances religieuses représentent un danger pour la République (ce qui est évident), d'avaliser son coma spirituel puisque la foi est du for privé (ce qui est problématique). L'air du temps englobe à l'envi deux domaines qui n'ont pas même superficie. *Spiritualité* a une extension forte et une compréhension faible, si l'on entend par là « ne pas être indifférent à la question de savoir d'où l'on vient et où l'on va » (Nicolas Sarkozy). *Religion* a une extension réduite et une compréhension forte : nulle confession de foi n'est requise pour l'inquiétude spirituelle. Les tours de passe-passe dont a besoin l'habileté politique seraient fatals à la vertu de discernement.

Mais tel est le brouillard où force nous est de tâtonner, nous, les supposés experts du « fait religieux ». Le comparatisme n'est pas, dans ce patient travail de déblaiement, une matière à option, ni une cocarde au chapeau : c'est, sur le terrain on ne peut plus alluvial des « sciences sociales », notre seule méthode expérimentale possible, quoi qu'en dise l'esprit obstinément singularisant de l'historien qui d'instinct réputera indisciplinées les transversales. Entre le panoramique et le gros plan, le papillonnage et le forage, il n'est jamais aisé de trouver la bonne distance au sujet. Mais quand Claude Lévi-Strauss regrette « l'époque où le scrupule scientifique et l'exactitude de l'observation ne paraissaient pas incompatibles avec une pensée qui s'avouait théorique sans honte et un goût philosophique audacieux », on ne peut se défendre de penser que cette aspiration au grand écart – indispensable à la vue d'ensemble – ne concerne pas que les seuls ethnologues. Réussirons-nous un jour à faire nôtre, dans l'examen des faits de croyance, cette salubre nostalgie ?

2

Le mot-clé qui verrouille

Les mots à tout faire sont rarement définissables : *culture, amour, liberté, vie,* flottent dans un flou avantageux qui ouvre aux badauds une auberge espagnole. Et que dire a fortiori de *laïcité, république, Occident, démocratie* ! Appréciable est l'imprécis quand il facilite l'accès aux fondamentaux. On nous reprochera de nuire à cette hospitalité de bon aloi en prétendant baliser le terrain vague qu'est devenu le delta « religion », zone certes marécageuse mais assez spacieuse pour y faire se rencontrer maints occupants illégaux qui, autrement, ne se parleraient pas. Un traître-mot vaut toujours mieux qu'un coup de chandelier en pleine figure. Un pieux mensonge, qu'un choc de civilisations. Et si, dans un accès de lexicomanie irresponsable, nous imputions à l'index « religion » le caractère mercuriel, mouvant, indiscernable et incernable des réalités qu'il indique ?

À ces fort plausibles objections, nous opposerons deux arguments : une marotte singulière et un pari général. Le pli fâcheux est celui du médiologue, l'imbécile qui regarde le doigt quand le sage lui montre la lune. Et le postulat, de n'importe quel esprit raisonnable : il n'est rien dans le monde qui ne soit descriptible, car s'il peut l'être déjà en partie, grâce à la science, il se déduit qu'il l'est, de droit, en totalité.

C'est fort de ces deux préjugés que nous risquerons un blasphème intellectuel. L'obstacle épistémologique n° 1 sur la voie d'une exploration des énigmes rationnelles que posent à notre entendement les passions croyantes porte un nom : la religion. C'est un vocable à résonances, un carrefour étymologique qui croise avantageusement les registres du recueil et de la relation, le « revenir sur un révolu » (*relegere*) et le « vivre avec d'autres » (*religare*). Mais c'est aussi un faux ami, dangereusement familier. Le mot-valise nous donne l'impression de savoir ce qu'il transporte puisqu'il renvoie confusément à une expérience à la fois intime et universelle. Intime avec les sentiments *sui generis* – respect, ferveur, crainte – que nous ressentons, quoi qu'on en ait, chaque fois que nous nous approchons d'un site, d'un objet ou d'une personne tenus pour sacrés ou « numineux » (disons le portail d'Auschwitz, le suaire de Turin ou le dalaï-lama). Et universel car la caution n'est nulle part sans quelque répondant objectif, puisqu'il n'est pas de société sans croyances ou rituels mettant en jeu une instance supérieure. À la fois évident et envoûtant, candide et obscur, le bon débarras s'accompagne d'assez d'apparences plausibles pour avoir l'air irrécusable. On peut en dire autant d'un autre phénomène naturel, non moins crucial pour notre survie à tous : le feu (et un embrasement de foi est un peu à la cohésion sociale ce qu'un incendie de forêt est à la chaleur vitale). Tout le monde s'est assis un jour devant une cheminée, et personne ne reste indifférent au spectacle de flammes brasillant dans un âtre. Le feu est existentiel. Il nous parle. Mais le fait que « ça parle aux gens » n'autorise pas l'à-peu-près : il oblige au contraire à un surcroît de rigueur. Faute de quoi un vécu de conscience se fera passer pour une méthode de connaissance. La chimie du feu, comme celle de l'or, a posé aux hommes durant des siècles un faux problème qui a longtemps dévoyé les plus fins théoriciens et expérimentateurs. Le feu n'a trouvé sa science, avec Lavoisier, qu'en disparaissant de la scène, sous ses deux figures de réalité en soi et de valeur pour nous. Sa *substantialisation* et sa *valorisation,* en bien ou en mal (bûcher ou feu pascal), ont alimenté des milliers de pages érudites, de rêveries profondes, de méditations captivantes, mais c'est quand on l'a *déréalisé,* et pour ainsi dire *dépsychologisé,* que le phénomène physique de la combustion a pu être isolé et expliqué. Entre la chimie moderne et l'alchimie de nos ancêtres, il y eut « rupture épistémologique ». Le réalisme naïf du feu, qui a ensorcelé l'âge médiéval et classique, n'est pas sans rappeler l'obscure clarté qui tombe à présent de la lune « religion ». Elle suscite autant d'exécrations (« Je hais le fait religieux ») que d'épanchements (le témoignage spirituel). C'est une donnée classique de l'histoire des sciences : pour résoudre une énigme, commencez toujours par changer la question. Vous butez sur un problème insoluble ? Posez-vous-en un autre, à côté. Changez d'objet. La croyance vous préoccupe ? À la bonne heure. Et si on la mettait un moment entre parenthèses pour interroger l'appartenance...

Tout se passe comme si notre tradition de pensée postulait, en amont de l'histoire, une Idée platonicienne de religion, d'essence monothéiste, qui se serait faite chair plus ou moins imparfaitement, ici et là. On a hypostasié un cas historique particulier, en le désarrimant de ses lieux et dates. Cet archétype est grevé par l'idée de Révélation, qui a fait entrer l'univers inclusif des croyances dans celui, exclusif, de la Vérité. Ce court-circuit insolite entre la logique des idées et la logique des conduites a rendu naturelle une idée qui semblerait barbare ou idiote à un Chinois, un Japonais ou un Indien : parce qu'on a une religion, on ne pourrait pas en avoir une autre. Un Japonais né en milieu shinto n'hésite pas à se marier chrétien et à mourir bouddhiste. Un chinois han se promène en souplesse entre Bouddha, Confucius et le tao, sans avoir à renier un *isme* pour un autre (bouddh*isme*, confucian*isme* et tao*ïsme* sont des inventions européennes). Les temples en Chine sont la maison de toutes les divinités, l'encens ne fait pas le détail des panthéons. Et un fidèle de Vishnou ne trouvera pas répréhensible de fleurir l'autel de Shiva. Plus : à la prénotion chrétienne de religion échappent de surcroît l'aînée et la cadette de la famille monothéiste, judaïsme d'après le Temple et islam sunnite, parce que le moule implique une institution à part (un clergé, une Église), une doctrine *sui generis* (un canon normatif) et une division du travail entre Dieu et César qui leur sont étrangères. Une emprise circonscrite auquel une république peut faire sa part du feu, quitte à l'assigner au for interne, fait fi des attrape-tout encore en vigueur sous d'autres latitudes. Pour une bonne moitié de l'humanité actuelle, la religion au sens où nous l'entendons – à savoir le culte jaloux d'un dieu créateur, avec conversion, profession de foi, dogme, clergé et texte révélé valable en tout lieu et tout temps – est une notion importée ; et pour les neuf dixièmes de l'humanité historique, une notion introuvable.

Les « sociétés primitives » se faisaient des représentations précises sur les rapports entre les vivants et les morts. Celles-ci projetaient dans le surréel les relations réelles unissant les vivants les uns aux autres. Sans doute existat-il à la section des sciences religieuses de l'École pratique des hautes études à Paris une chaire intitulée « Religions des peuples non civilisés », créée en 1888, occupée longtemps par Marcel Mauss, puis par Maurice Leenhardt. Elle fut rebaptisée « Religions comparées des peuples sans écriture » en 1954, après que Lévi-Strauss en fut devenu le titulaire. Ce dernier tourna le dos aux « religions » pour proposer à la place, et à meilleur escient, l'observation comparative des mythes et des rituels. L'opposition tranchée sacré/profane, en particulier, ne fonctionne pas en

« société froide », où prévaut une échelle de degrés insensible. Chez les Ashanti du Ghana, par exemple, même une activité technique comme l'agriculture n'échappe pas au sacral, puisque la terre est une sorte de divinité et que le lopin qu'on cultive appartenait aux ancêtres. Redisons-le après tant d'autres : le terme de religion est à la fois trop faible et trop fort, trop latéral et trop accusé, pour qu'on l'applique à des sociétés où règne un invisible diffus mais impérieux.

On ne trouvera pas non plus trace de *religion* dans nos langues sacrées. En sanskrit, *dharma*, formé sur la racine *dhr*, « ce qui porte l'univers », signifie à la fois la voie, l'enseignement et l'obligation. C'est l'émanation de l'existant, l'ordre cosmique, qui sous-tend la société comme la vie des individus. En hébreu, c'est le *dat*, terme de droit politique emprunté au persan, qui veut dire jugement ou décret. Là, ce que nous traduisons par « religion », c'est le système juridique d'une nation, en l'occurrence perse ou mède (le creuset persan est le grand oublié de notre histoire occidentale des religions). Le terme n'apparaît que cinq fois dans la Bible, qui ne parle pas plus de religion que de croyance : les Hébreux ne croient pas en Dieu, ils vivent avec. Ce n'est que dans la littérature postbiblique que le mot *dat* en viendra à désigner une loi d'origine divine, la Loi donnée par Dieu à Israël, soit les prescriptions de la Torah[1].

Aucun évangile chrétien, canonique ou non, ne mentionne la ou une religion, et pour cause : le mot n'existe pas plus en grec, la langue du Nouveau Testament, que dans les autres langues indo-européennes. Le grec ionien emploie *thrèskeia*, qui s'applique à l'observance des prescriptions cultuelles. C'est un terme laudatif qui a son pendant négatif dans le *deisidemonia*, la crainte excessive des dieux, proche de la superstition. L'attique connaît aussi *eusébia*, la piété. Tous ces termes renvoient à une idée de réglementation, et non de disposition subjective, et encore moins d'institution séparée. Là où la religion n'est pas chose distincte, il n'y a pas de mot distinct[2].

L'arabe classique emploie *dîn*, qui veut dire aussi la dette, et plus largement ce dont on est obligé de s'acquitter, la créance. Le *dîn* arabe vient du pahlavi *den* (comme le *dat* hébreu). Il

1. En Deutéronome 33, 2, apparaît le mot *eshdat*, de signification obscure, et qui peut sembler composé de deux termes : *esh* (feu) et *dat*, ce qui a permis aux exégètes juifs anciens et médiévaux d'y voir une allusion à la Torah, Loi révélée dans le feu (du Sinaï).

2. Émile Benveniste, *Le Vocabulaire des institutions indo-européennes*, t. II, *Pouvoir, droit, religion*, Éditions de Minuit, 1969, p. 266.

a pris dans la péninsule Arabique le sens de coutume et d'usage, puis de direction donnée par Dieu, qui donnera à chacun son dû, le jour du Jugement. La notion de *dîn* connote l'obligation et la soumission aux lois promulguées par Dieu pour guider l'homme vers sa fin dernière. « *Religio* évoque d'abord ce qui relie l'homme à Dieu ; et *dîn*, les obligations que Dieu impose à Sa "créature raisonnable", la première de laquelle est de se soumettre et de s'en remettre à lui[1]. »

Le chinois nomme *tao* la « voie », pour indiquer à la fois la connaissance de la marche des choses et l'emploi qui peut être fait de cette connaissance. Le mot *rujiao* désigne la doctrine de Confucius, recueil de principes à la fois moraux et cosmologiques, qui n'est pas un credo et ne fait pas référence à sa personne. Ce qui se rapprocherait le plus de notre religion serait la notion d'école, fondée sur l'« enseignement des ancêtres », le *zônj-giao*. En japonais, le *shû-kyö*.

L'absence d'équivalent n'est pas anodine. Notre *religion* dans l'océan du sacré : un îlot qui s'est annexé des continents. Notre passe-partout, pour y parvenir, a forcé les serrures. C'est nous chrétiens ou apparentés qui avons

1. Article « Dîn » par Louis Gardet (1968), in *Encyclopédie de l'islam*, t. II, Maisonneuve et Larose, 1977.

traduit tous ces termes en des approximatifs de notre *religion*. Plus qu'une imposition de problématique, l'empiètement d'une civilisation triomphante sur des civilisations vaincues ou assimilées – du moins jusqu'au siècle dernier – pourrait se décrire tout à la fois comme un détournement d'héritage, un viol d'identité et un quiproquo de bonne foi. Prenant le bassin méditerranéen pour le nombril du monde, un montage symbolique exceptionnel (l'onto-théologie) s'est érigé benoîtement en règle par la vertu simplificatrice d'un *quia ego nominor leo*. Comme si la régie romano-chrétienne de la planète autorisait à ignorer tous les autres scénarios qui s'y jouent. Premier abus de pouvoir : ériger en entité universelle une formule régionale. Deuxième abus : enfourner dans ce grand sac, sans aller y voir de près et au mépris de leur dignité, des dizaines de particularismes tenus de payer tribut au prédateur sémantique. La préemption monothéiste de notre congénitale mythomanie, qui nous fait chausser les lunettes de Sem pour observer Cham et Japhet, répercute dans le moindre recoin la raison du plus fort, qui n'est pas pour autant le plus intelligent. Certains présomptueux s'imaginent, de bonne foi, que toutes les religions ont en commun l'espérance chrétienne (mais pas vraiment juive) en une vie personnelle au-delà de la mort, et que les enseignants du fait religieux devraient propager cette bonne nouvelle. Problème : dans la tradition hindoue, qui entend briser la chaîne des renaissances, ce n'est pas la résurrection qui est à espérer, mais la disparition, non seulement du corps mais de l'âme individuelle. Et la doctrine bouddhique de *l'anatta* est plus radicale : il n'existe en aucun individu de principe personnel éternel et immuable. Aussi n'y a-t-il jamais eu de pleureuses en terre bouddhique. Une belle mort y est une mort définitive et sans lendemain. N'est universelle que la ritualisation du trépas, après celle de la naissance, mais le sens à lui donner dépend du statut accordé à la personne individuelle, et la mort n'est pas partout angoisse et mystère. Le piège s'est ainsi refermé sur le paroissien d'Occident. Sans doute l'unité de l'esprit humain n'est-elle pas à remettre en cause, mais une chose est de reconnaître qu'il n'y a pas de différence intellectuelle et morale essentielle entre « nous les démocrates » et « eux les barbares », entre l'Indien sioux et le Français Bergson, pas plus qu'entre le chiite et l'évangéliste, entre le monothéiste et l'hindou. Autre chose est de projeter son théocentrisme sur les autres (le péché, le salut, la sainteté) pour retrouver son *nous* aux antipodes, en les dépouillant, *eux*, de leur propre idiosyncrasie. Au début du siècle dernier, la sociologie académique a appliqué à des aires culturelles éloignées (sans daigner s'y rendre personnellement) les fondamentaux du monothéisme vernaculaire – à commencer par le concept de religion –, quand la démarche inverse eût sans doute été plus productive. Max Weber (1864-1920) faisant exception, qui a pris à bras-le-corps sa propre religion protestante. L'Occident s'est incontestablement posé la question de l'autre, et on ne peut nier qu'il a assez tôt doublé sa volonté de domination par une curiosité certaine envers ses dominés et ses rivaux. Cette grandeur intellectuelle lui est propre : emplis d'eux-mêmes, captifs de leur immensité, les mondes chinois et indien ne semblent pas l'avoir eue en partage. Ce génie faustien a eu sa rançon : soumettre les indigènes à nos fourches Caudines. Au lieu d'analyser l'ici avec les outils de là-bas, la tentation de l'Occident est de comprendre le là-bas avec les outils intellectuels de son ici. Tout casanier qu'il fût, le prophétique Auguste Comte n'était pas tombé dans ce travers, lui qui a su rapatrier (d'Afrique, via la langue portugaise) la notion cruciale de *fétichisme* pour l'introduire au cœur de notre désabusement scientifique (mais qui lit encore le plus grand philosophe français de l'ère moderne ?). Résultat : nous avons eu pendant longtemps fort peu d'ethnographies du monde chrétien mais beaucoup de préjugements chrétiens dans l'ethnographie des lointains. Pour voir les autres tels que *nous* sommes, il suffit de tourner en rond dans ses préjugés. Pour les voir tels qu'ils sont, il faut tenter de se mettre à distance de soi, dépaysement fécond en effets de connaissance mais dont préserve l'arrogance un peu myope du prépotent, cette inlassable fabrique de chromos.

L'emploi banalisé d'un label incolore n'est pas indolore. L'abus d'étiquette suscite les déconvenues à répétition du « dialogue des religions », où les meilleures intentions du monde s'efforcent de trouver un cadre de référence commun à une cerise, un tire-bouchon, un papillon et une fourchette. Ces congrès de dignitaires chamarrés produisent de lénifiantes homélies appuyées sur de belles images de couverture, mais sans portée pratique ni réel contenu de sens. Un dialogue véritable suppose une entente minimale sur le sens des mots. Les deux premiers actes d'un sommet interreligieux, genre Assise ou Chicago, devraient être : 1) renvoyer les photographes ; 2) inviter Alain Rey et les auteurs de bons dictionnaires pour une radioscopie des motions de synthèse. Sans doute la vie est-elle faite de malentendus, et les ententes diplomatiques aussi. Les périphéries se sont résignées à l'accolade du centre, d'autant plus que l'anglais, notre nouvelle *koiné*, a repris le latinisme à son compte. Les dés sont jetés. Mais gardons présent à l'esprit que le donnant-donnant de politesse auquel donne lieu ce patron mal ajusté a engendré plus de fausses promesses par optimisme que de baisers Lamourette par œcuménisme.

Parmi ces vaines attentes, pour hostiles qu'elles aient pu être aux noirs professionnels de l'espérance, n'oublions pas celle des Lumières. Elles s'étaient persuadées avec Voltaire qu'elles allaient « écraser l'Infâme » puisque seraient bientôt démasqués le sombre complot jésuite et les histoires à dormir debout dont sont tissés l'Ancien et le Nouveau Testament. Entre dérision et démonstration, la Raison ferait sereinement reculer les déraisons, escortée par l'*Encyclopédie* et l'école pour tous ; après quoi, escomptaient les magisters de Monsieur Homais, l'humanité serait guérie de ses maladies de croyance cléricalement transmissibles. Pronostic non confirmé. La science, depuis, a progressé à pas de géant, l'éducation aussi, mais « l'Infâme » n'a pas décampé. Naguère rassurant, aujourd'hui inquiétant, le scientisme se retrouve Gros-Jean comme devant face à l'agressive remontée des « calembredaines ». Les communistes d'hier, persuadés que l'URSS n'était pas une hiérocratie parce qu'elle était athée, s'imaginaient qu'en gommant le mot, le matérialisme scientifique effacerait le vestige. C'est le vestige, au bout du compte, qui l'a envoyé, lui, au musée. Nos libéraux d'Europe découvrent avec embarras que leur modèle et métropole, les États-Unis, supposés « sécularisés » par la vertu d'un amendement constitutionnel, agissent en peuple élu, confident de la Providence par droit divin. De bons républicains tiennent la laïcité à la française, fragile et précieuse conquête historique, pour l'état normal des choses, comme si la distinction entre sphère privée et publique devait aller de soi pour tous. Il y a incontestablement plus, dans l'islam, qu'une confession permettant à des fidèles d'entrer en relation avec leur Créateur, à date fixe et dans des lieux idoines appelés mosquées. Une religion juridique qui a l'âge du califat abasside n'est pas le symétrique d'un culte rétractile qui a l'âge de nos incertitudes. « L'islam, notait Ferdinand Lot, apporte non seulement une religion, mais un droit, une politique dont on chercherait vainement l'équivalent dans l'Évangile. Encore cette façon de parler est-elle inexacte : droits, coutumes, usages même, tout est indiscernable de la religion. Impossible de toucher à quoi que ce soit sans risquer d'offenser le dogme. Et comme droit, politique, usages sont rudimentaires, constitués par une société peu évoluée, c'est une tâche surhumaine d'adapter une société musulmane à la vie moderne. Ici, la religion ne se laisse pas réduire à la portion congrue. Il est vain de chercher à la mettre à sa place, car sa place est partout et nulle part[1]. » Le vieil historien préjugeait sans doute de l'avenir, et nous savons que la tâche surhumaine n'est pas impossible, mais la mise en cause d'une façon de parler reste d'actualité. Mentionnons pour le présent, entre autres effets malheureux du flottement des cours, l'intenable promesse d'une humanité émancipée du joug religieux par la transformation de la foi d'antan en une simple opinion personnelle. Elle flatte notre orgueil postmoderne, mais il y a aujourd'hui dans le monde plus de pays en voie de « désécularisation » que l'inverse, y compris parmi les démocraties réelles ou formelles – Inde, Israël, États-Unis, Mexique, Russie, Nigeria. Et de nouveaux prophètes subjuguent les foules et les gouvernants en Afrique, en Amérique latine, en Asie. Vue de Sirius, par un observateur désabusé du globe terrestre, l'annonce faite à Paris du « désenchantement du monde » évoque celle

1. Ferdinand Lot, *La Fin du monde antique et le début du Moyen Âge*, Albin Michel, 1968, p. 61.

d'un cancérologue qui recevrait un patient sous chimiothérapie : « J'ai une bonne nouvelle pour vous, cher ami : la tumeur est sortie du poumon. Champagne ! Et foin des métastases dans les organes voisins. »

Que d'artifices et de subtilités pour esquiver cette désagréable nouvelle : Rome n'est plus dans Rome, ni la religion dans la religion. Et, à trop se fier aux nomenclatures babyloniennes, on finit par s'enivrer d'une étiquette pour ne pas avoir à déboucher le flacon. Il n'est que temps de lui ouvrir le ventre, à ce talisman en trois syllabes qui nous permet de fuir l'universelle contrainte du symbolique en l'imputant à ce qui serait une survivance facultative.

3

Histoire d'un trompe-l'œil : *religion*

Les croyances de la mosaïque humaine n'auraient pas toutes été indexées sur le christianisme si la secte chrétienne ne s'était stratégiquement romanisée, il y a dix-huit siècles d'ici. Insistons sur le pronominal : c'est de propos délibéré, et pour prendre date, que le mouvement chrétien, ce rôdeur des confins, las de vivre et penser dans les marges et l'illégitime, a choisi de se présenter et de se proclamer en langue latine. Pourquoi ? Pour s'élever de la Rome d'en bas à celle d'en haut. Comment ? En s'appropriant la mentalité et le vocabulaire de l'officialité, afin que celle-ci puisse se christianiser le jour venu. Le christianisme n'est pas né comme *religion* (et pour cause, si la notion est impensable dans la culture juive). Il n'a pas grandi, durant ses deux premiers siècles, théologiquement décisifs, dans le moule d'une religion, puisqu'il pensait et écrivait en grec, qui ignore, et pour cause, cette catégorie latine. Il l'est devenu au début du IIIe siècle par une sorte de pacte du diable avec la terminologie de son oppresseur. Il était considéré jusqu'alors dans l'empire comme une *superstitio* parmi d'autres (« nouvelle et maléfique », nuançait Suétone ; « déraisonnable et sans mesures » ajoutait Pline le Jeune, en 112 de notre ère). Une *superstitio* était, aux yeux des philosophes, le contraire d'une *religio*, à savoir une lubie flottante, illicite et marginale, sans ancrage national. Le judaïsme, sous cet angle, était alors une religion locale licite, officiellement reconnue, correspondant à une ethnie et à un territoire précis, la Judée. Au contraire, le christianisme (le mot apparaît un demi-siècle *après* Jésus de Nazareth) était une dissidence juive sans domicile fixe, une épidémie de moines mendiants sans statut juridique.

Religio était laudatif, *superstitio*, péjoratif. En l'an 197, dans le chapitre XVI de son *Apologétique*, Tertullien aventure un stratagème : il intervertit les termes. Il baptise superstition la religion romaine, et sa superstition chrétienne, « la vraie religion du vrai Dieu ». Petite cause, grand effet. Une religion est faite pour réprimer ; une superstition, pour être réprimée. *Cohibeatur superstitio* : « que la superstition païenne soit pourchassée », proclamera l'édit de Constance de

341, en instaurant le règne de la *Religio christiana romanaque* en seule religion licite. Sans Tertullien, pas de Constantin. En s'arrogeant, fût-ce par la bande et avant l'heure, l'universalité et la légitimité attachées à la notion juridico-politique de *religio*, le rhéteur prenait date et ouvrait la voie à l'empereur converti, puisqu'il posait entre les lignes la candidature d'une secte de parias héroïques (encore proche à l'époque d'une école de philosophie) à la direction du monde civilisé. La propriété, c'est le vol. Devenue celle du christianisme, comme sa marque déposée, notre notion de religion a sa source dans un détournement, ou le roque d'un joueur d'échecs prévoyant, qui intervertit les places de l'attaquant et du défenseur. Coup de maître d'un faible opéré sur un fort, pour lui dérober son capital symbolique, le déposer à la banque des valeurs, et vivre la suite incertaine de ses jours sur les intérêts composés du vocable. Cette confiscation fit des chrétiens des païens par alliance ; et de nos libres-penseurs, qui ferraillent contre « la religion », les sous-marins du Vatican, dupes d'un vieux subterfuge. Par une étrange ironie, « la notion de religion selon laquelle nous considérons le christianisme, c'est ce dernier qui l'a façonnée pour se dire » (Maurice Sachot). Et, au troisième millénaire, nous adoptons encore les paramètres romains pour évaluer des formes de croyance étrangères, et les soumettre à nos poids et mesures. Détentrice légitimée a posteriori de l'étalon-platine, la civilisation chrétienne a longtemps relégué à son ancien statut de superstition (au mieux folklorique, au pis diabolique) les cultes qui excédaient son système métrique – discrédités comme idolâtres. La continuité latino-chrétienne, obtenue par un aiguillage de dernière minute, a ainsi oblitéré la solution de continuité judéo-latine. Mais l'étymon latin de notre *religion* n'est pas un point de départ, c'est un point d'arrivée – après un déraillement sur la voie prophétique. À tout le moins, un changement de registre.

*
* *

Le sens premier du latin *religio* est *scrupule*. Soit un sentiment subjectif, entre psychologique et moral, qui ne prendra qu'ensuite la tonalité d'ordre public qui intéressait Tertullien, Macrobe et les autres Pères de l'Église, anxieux de reconnaissance et d'honorabilité. Émile Benveniste voit dans cet archaïque *religio* « une hésitation qui retient, un scrupule qui empêche, et non un sentiment qui dirige vers une action, ou qui incite à pratiquer le culte ». Georges Dumézil confirme :

« Le mot qui a fini par désigner l'ensemble des rapports de l'homme avec l'invisible, *religiones, religio*, quelle qu'en soit l'étymologie, a d'abord désigné le scrupule : non pas un élan, ni aucune forme d'action, mais un arrêt, l'hésitation inquiète devant une manifestation qu'il faut avant tout comprendre pour s'y adapter[1]. » Il a été formé sur le verbe *relegere*, recollecter, recueillir, l'antonyme de *neg-ligere*, négliger. Un *négligent* ne lit pas et laisse le temps filer ; le volatil est anti-religieux. On ne dira jamais assez tout ce que nous devons à la racine simple *leg*, retenir, cueillir, ramener : la *lecture*, l'*intelligence*, ou le talent de recueillir à bon escient, de retenir avec justesse, la *diligence*, qui fait attention, et la *dilection*, l'art d'aimer à bon escient. Entre les deux étymologies traditionnellement en dispute, la païenne (*relegere*) et la chrétienne (*religare*), la plupart des philologues penchent pour la première, à laquelle Cicéron a attaché son nom. Le texte de référence est un passage du *De natura deorum*, II, 28, 72 : « *Qui autem omnia quae ad cultum deorum pertinerent diligenter retractarent et tanquam relegerent, sunt dicti religiosi ex relegando ut elegantes ex eligendo, ex diligendo diligentes. His enim in verbis omnibus*

1. Georges Dumézil, *La Religion romaine archaïque*, Payot, 1966, p. 54.

inest vis legendi eadem quae in religiosio. » Traduction : « Ceux qui reprenaient (*retractarent*) diligemment et en quelque sorte recueillaient toutes les choses qui se rapportent au culte des dieux, ceux-là ont été appelés *religieux*, de *relegere*, comme *elegantes* de *elegere* et *diligentes* de *diligere*. Tous ces mots possèdent la même vertu de *legere* que *religiosus*. » La seconde est due à Lactance, *Divinae institutiones*, IV, 28, 12 : « *Nomen religionis a vinculo pietatis esse deductum, quod hominem sibi Deus religaverit et pietate constrinxerit.* » Traduction : « Le terme *religio* a été tiré du lien de piété, parce que Dieu se *lie* l'homme et l'attache par la piété. » L'indication initiale de vigilance, d'attention, de respect des formes, a débouché, par le biais de l'assiduité aux rituels du calendrier civique et liturgique, sur le sens classique de code de bonne conduite. La *religio* romaine désigne un ensemble ordonné de célébrations publiques, sans accompagnement théologique ni adhésion personnelle obligatoire. La piété romaine n'implique ni une élaboration doctrinale, ni un contenu de foi, ni un sentiment d'amour. C'est le *mos majorum*, la coutume des ancêtres. Convenances et non croyance. Peu importe ce qu'on ressent ou ce qu'on pense par ailleurs : on fait ce qu'il faut, parce que cela se fait et que tout le monde l'a toujours fait. Par civisme, non par conviction. Par loyauté à la patrie, non par devoir de conscience. Le culte des dieux traduit d'abord le respect des règles, attachement qui garantit la durée et la solidité des institutions. C'est ce système politico-juridique d'encadrement des populations, avec sa pyramide de primautés centrales et provinciales, que le mouvement chrétien, en se décorant du titre de *religio*, entendait capter à son profit, et à la source. Et, au-delà des canalisations, routes et aqueducs, c'est bien la substance organisationnelle de l'empire qui devait calquer la chrétienté sur la romanité, son magistère, sur une magistrature, l'Église, sur la *societas perfecta*, son pape sur le pontife, ses règles canoniques, sur un code impérial, etc.

De propos délibéré, disions-nous... Ce serait trop simple, car trop machiavélique, et tel est pris qui croyait prendre. Les mots anciens et prestigieux qu'une pensée nouvelle a besoin de mobiliser, pour s'en faire accréditer et mieux passer la rampe, ont leur propre pesanteur. Nous croyons les mettre à notre service, et ils ont tôt fait de nous mettre au leur. En fait, il y eut un donnant-donnant dans cet échange de prestations. Le coucou chrétien a peu à peu refait son nid d'accueil à ses convenances et habitudes. C'est ce que Maurice Sachot appelle la « loi du retournement vectoriel ». Le mot vecteur change de sens sous l'effet du message qu'il transporte. Il est subverti par l'idée qui l'a investi (en quoi le *medium is message* de McLuhan est un slogan simpliste). Le fait est que *religio* n'aura plus le même contenu de sens après que le christianisme s'en sera emparé : l'institutionnalité sera intellectualisée. L'utilisateur chrétien ajoutera à la notion juridico-politique un arrière-plan eschatologique et moral de son cru. Il va doubler un système de pratiques, ritualiste et hiérarchisé, d'une théologie et d'une foi, deux choses rigoureusement étrangères au mental romain.

Ce retournement classique fait de toute transmission historique une subversion, plus qu'un simple prolongement du passé. Sans doute la chrétienté n'aurait-elle pu remplacer la romanité sans épouser ses matrices mais, pour s'imposer à elle, elle a dû les mettre tête en bas. On retrouve cet art de l'appropriation par revirement, à chaque stade de la croissance chrétienne. Résumons le parcours à traits grossiers. D'abord en milieu hébraïque : la secte judaïque qui s'est nommée chrétienne après coup au Ier siècle de notre ère, a renversé l'ordre de proclamation biblique à la synagogue, en mettant l'homélie avant les prophètes, et les prophètes avant la Torah. Dès lors, Jésus n'était plus celui qui annonçait la

Vérité de l'Écriture pour remettre ses coreligionnaires sur la bonne voie, mais celui qui devait être lui-même annoncé comme étant la Voie, la Vérité et la Vie. Ensuite en milieu hellénistique : au IIe siècle, le mouvement évangélique, souvent apparenté à une école de philosophie en rivalité avec d'autres, a renversé la démarche de raison en démarche de foi. Et enfin en milieu latin : aux IIIe et IVe siècles de notre ère, le mouvement figé en institution a renversé un simple signe d'appartenance à un État, une Cité, une famille, en un bloc de foi révélée et à jamais déposée dans un corps mystique, l'Église.

Le christianisme a eu (et aura) plusieurs vies, et son génie est de n'en avoir renié aucune. Ses deux premières ont ignoré *religion,* qui n'apparaît qu'en troisièmes noces, au seuil du IVe siècle de son ère. On entasse, on met éventuellement de côté, mais on ne jette rien. L'abeille messianique a cueilli son pollen d'une niche à l'autre. Elle a extrait miel et cire de plusieurs flores pour se construire une ruche où chacune d'elles a été mise à contribution *volens nolens*. Et elle n'aurait pas tant apporté aux mondes païens si elle n'en avait beaucoup reçu. De sa phase latine, le mouvement chrétien a gardé le juridique et le politique, mais sans jeter par-dessus bord ses deux acquis précédents : l'élaboration métaphysique d'empreinte grecque, au IIe siècle, et le souffle prophétique d'empreinte juive, au Ier. Au XXe siècle encore, l'enfer et le péché originel ont été mis sous l'éteignoir par la catéchèse, mais, retirés de la devanture, les notions restent en stock. On ne sait jamais. Personne n'a mieux expliqué que Maurice Sachot, l'auteur de *L'Invention du Christ, genèse d'une religion*, la logique de ces adoptions successives : « Chacune des formes du message élaborées à chaque étape n'est pas abandonnée mais reprise et assumée par la forme qui suit : le message "évangélique" ne disparaît pas dans son élaboration philosophique. Ces dernières demeurent sous-jacentes à la structuration institutionnelle définie par *religio*. Les textes conciliaires (registre institutionnel) n'abolissent ni la catéchèse (registre philosophique) ni les évangiles (registre proclamatoire), toujours lus et proclamés dans les assemblées dominicales. Le *kérygme* est maintenu, mais à l'intérieur d'une sociostructure globale, une "organisation matérialisée" qui en règle la circulation. Au nom du principe de révélation, l'accomplissement du salut, pour chacun comme pour le peuple, s'effectue selon une voie institutionnelle hiérarchisée et descendante : l'autorité institutionnelle (acquis romain) commande à la pensée (acquis hellénistique) et, par celle-ci, à chaque individu (acquis évangélique)[1]. »

C'est du Père par le Fils dans l'Esprit que procède la Joie du chrétien. Les trois personnes sont égales en divinité sans être sur le même plan. Certes, c'est la trinité tout entière qui agit à l'extérieur, disait saint Augustin, mais comment nier que le Père est le *primus inter pares* ? Le collégial n'empêche pas les préséances. Le Père source, le Fils sauve, l'Esprit sanctifie. Les trois personnes du Dieu unique vivent en communion, mais, de même qu'il n'y a pas d'amour heureux, de même il n'y a pas de communion égalitaire, pas plus au firmament que sur la terre. L'originalité du christianisme à cet égard réside peut-être dans la ventilation des rôles, cette aération des instances qu'il a concentrées dans la personne même du Christ, miroir mobile à facettes amovibles. Il pourra prendre tantôt le visage du Juste martyrisé, tantôt celui du Logos incarné, mais aussi, dans les absides byzantines, celui du Pantocrator. Le Crucifié demeure une icône obligeante et dévouée à toutes les catégories sociales, où le Miséreux,

---

1. Maurice Sachot, « Les Origines du christianisme au crible de la médiologie. Déconstruction-reconstruction d'un modèle archétypal », *Cahiers d'histoire*, n° 76, 1999, p. 48.

le Docte et le Prince peuvent chacun trouver un répondant sublime de sa propre condition. L'humanité maltraitée se mire en Jésus de Nazareth le petit charpentier, rédempteur des humbles ; l'humanité réfléchissante, en un Maître de sagesse, et l'humanité gouvernante, dans le Roi des rois. Cette polyvalence, à laquelle notre art sacré ne doit pas peu de sa splendeur, ni notre histoire politique, depuis deux mille ans, de son suspense, permet aux adorateurs de Jésus de jouer, simultanément ou à tour de rôle, sur plusieurs tableaux : l'inquisiteur et le martyr, la pourpre et la canadienne, le cardinal franquiste et le curé guérillero. Avec un don pour le coup de théâtre que pourrait envier un émule d'Hitchcock : à chaque printemps pascal, la graine d'Évangile, morte l'hiver dernier, repousse où on l'attend le moins.

4

Plaidoyer pour un substitut : *communion*

Pour s'opérer de la cataracte, et ne pas laisser l'orbite vide, à quel autre cristallin recourir ? L'idéal eût été un vocable alternatif qui : 1) s'applique à l'ensemble des cultures humaines sans abus de position dominante ; 2) exprime la dimension collective inhérente à l'exercice d'un culte (comme à la pratique d'une langue) ; 3) combine la conjonction à l'horizontale et l'adhésion verticale à un être, principe ou entité supérieurs – soit les deux éléments dont seule l'addition autorise notre Bureau central des cultes à enregistrer une association loi de 1901 comme cultuelle ; et enfin 4) ne dissocie pas le commun de l'intime, ou l'agrégat du frisson.

Nous n'avons pas la prétention de croire en l'on ne sait quelle police du langage, qui d'un coup de baguette magique viendrait effacer un usage bimillénaire. *Religion* semble irrémédiable, mais mentionnons, pour l'honneur, qu'il existe un candidat remplissant ces divers réquisits. C'est *communion*. L'acception étroitement liturgique que lui a donnée le christianisme – réception du sacrement de l'eucharistie – ne saurait épuiser sa richesse. Il résonne à *communauté*, et le regroupement, avec une langue, des intérêts, des biens et un but partagés, sert de dénominateur *commun* à l'humanité (tribu, clan, cité, association, État, nation, fédération, etc.). Quand bien même l'étymologie latine du mot ne serait pas l'union avec (*cum* et *unio*), mais le fardeau ou la mission à partager (*cum* et *munus*), le vocable serait propre à décloisonner les domaines trop pieusement séparés du « croyant » et de l'« incroyant ».

Plus que *religion*, *communion* est polysémique. Il ne dissocie pas l'obédience – (« les communions anglicane, orthodoxe, hindoue, etc. ») de l'empathie (« je me sens en communion d'idées et de sentiments avec vous »). C'est à la fois une « dénomination » socialement reconnue, et une expérience viscéralement ressentie. De la relation traduite en émotion. Mais surtout, le mot conjoint l'horizontale – « être membre de » – à la verticale – « adhérer à ». Et telle est l'équation de tout regroupement ayant vocation à la durée.

Un cadre commun de confiance et de référence suppose où que ce soit – club, Église, parti, nation ou fédération – un terme plus ou moins abrupt, reliant chacun à chacun. Car ce qui est commun aux membres leur sera extérieur et supérieur (principe d'incomplétude). Pour devenir « frères », il faut être « frères en » – quelque surplomb, noble abstraction ou sublime personnage, qui nous précède et nous excède.

Dégageons-nous de l'arrière-plan mystique ou fusionnel. *Communion* ressortit à du trivial et à du quotidien. Un Martien envoyé au rapport et débarquant sur notre globe, qui n'aurait jamais entendu parler de religion, et encore moins d'un bon Dieu, d'Écritures saintes ou de transcendance, serait néanmoins bien inspiré, devant chaque groupe de bipèdes parlants qu'il croiserait sur sa route, de se poser deux questions toutes pratiques : 1) qu'est-ce que ces gens font en *commun*, à intervalles plus ou moins réguliers ? Quel chant, quelle marche, quelle écoute, en quel lieu ? ; 2) par quoi sont-ils alors *unis*, au point de se sentir, en ces occasions-là, membres d'un même tout ? Ces deux questions pourraient se résumer en une seule : quelle est la *communion* de ces olibrius ? Bien sûr, si notre Martien venait à tomber sur une peuplade sans maison cérémonielle ni grand poteau central, qui n'aurait ni jour férié, ni hymne, ni héros tutélaire, ni minute de silence, ni figure ou devise sur son papier-monnaie, ni monument, ni mausolée, ni capitale, ni centre en sa capitale, ni drapeau, ni statue, ni photo officielle au mur, il pourrait se dispenser de cette enquête-là. Il y a fort à parier que, faisant le tour des cinq continents, il ne rencontrerait aucun groupement humain stable ou défini (ne serait-ce que par une appellation ou un idiome partagé) qui ne possède l'un ou l'autre de ces attributs folkloriques. Quelle nation, tribu, cité, État, clan ou fédération ne veille, à un moment ou à un autre de l'année solaire ou lunaire, à *renouveler* de façon festive ou funèbre son alliance primordiale ? C'est pourquoi il sera bien avisé, pour informer convenablement sa tutelle d'outre-galaxie, de procéder à ce double relevé. Ce dernier n'impliquerait aucun parti pris quant à l'existence d'un ou plusieurs dieux, ni pour ni contre. Il se trouve simplement que sur la planète Terre, là où il y a une communauté, on trouve en son centre, et au-dessus d'elle, un point de créance partagée, périodiquement réactivée par quelque remontée du temps.

On reprochera sans doute à *communion* sa résonance catholique ou jacobine (la fille aînée de l'Église ne l'étant jamais plus que lorsqu'elle la prend pour adversaire). L'accent mis sur l'organique et non sur la personne, sur des valeurs d'autorité plus que de liberté. La sécularisation, n'est-ce pas justement le passage de l'obsession de l'un (apostolique, catholique et romain) au primat du pluriel ? N'y a-t-il pas dans *communion* une pointe normative, unanimiste, quasi médiévale ? La nostalgie d'une solidarité organique perdue, quand on pouvait rêver de faire avec ses coreligionnaires « un seul cœur et une seule âme » ? On dira par contraste la modernité nettement protestante et anglo-saxonne. *Communion* consonne avec institution, ou l'unité par le haut, plutôt qu'avec association, ou l'unité par le bas, selon le modèle des dénominations réformées. Nos mœurs devenues centrifuges, *communion* sera révoquée comme centripète. Ne professons-nous pas, en bons émancipés, le disséminé, le dissensus, la différence – ethnique, culturelle, sexuelle, spirituelle ? Tout ce qui a relent d'alignement, que ce soit par la loi, le dogme ou la norme, ne sent-il pas désormais le fagot ? Les régimes totalitaires, dont les emblèmes n'étaient pas en vain la gerbe, le faisceau ou la phalange, n'ont pas peu contribué à valoriser par contrecoup tout ce qui entend diverger, et à nous dégoûter de ce qui tend à converger. À quoi l'on répondra que *religion* est passible des mêmes suspicions. Et surtout que son remplaçant n'impliquerait aucun credo en particulier, rien qu'un « c'est ainsi », applicable à toutes les latitudes, texanes, birmanes ou congolaises. Ces ferveurs sont de partout mais il y a beaucoup de communions réelles ou possibles dans un même établissement humain, et en un même individu. Elles se chevauchent ou s'enchevêtrent : sa nation, sa religion, son parti, sa famille, son Église, son continent, son syndicat, son club de gym et son amicale de chasse à la palombe. Craignons les hommes d'une seule communion. Ils sont aussi dangereux que les hommes d'un seul Livre.

L'avantage, qui est de ne pas discriminer entre les diverses sortes de mythomanie collective, sera pour beaucoup un inconvénient rédhibitoire : ce substantif est neutre, et ne fait pas le départ entre celui qui croyait au Ciel et celui qui n'y croyait pas, entre le vrai religieux, le « proprement dit », et le faux, le « pseudo ou para-religieux », entre les religions révélées et les civiques ou les civiles. Le communisme fut d'évidence une communion sans être formellement une religion (« dans communisme, disait Gide, il y a communion »). L'emploi du mot à propos de cette doctrine matérialiste aurait pourtant simplifié la vie de ceux qui se croyaient irreligieux parce qu'ils se proclamaient athées. Il éviterait, plus généralement, nombre de faux débats sur la nature religieuse ou non de telle ou telle idéologie, ou la question indécidable du « si oui vraiment », « mais non pas tout à fait », « précisons dans quelle mesure », etc.

La communion américaine, c'est quoi ? C'est du patriotique et du biblique mêlés. C'est une combinaison démocratique de monothéisme libéralisé et de libéralisme théologisé. Comme le dit excellemment Jean-François Colosimo : « Opposer une Amérique démocratique à une Amérique religieuse ne revêt aucun sens. C'est au contraire toute la singularité de la religion civile américaine que de constituer la démocratie à la fois en politique religieuse et en religion politique. La force de cette dialectique tient à ce qu'elle est originelle, qu'elle forge dès les Pères fondateurs un mythe de la modernité où la Raison et la Révélation ne s'excluent pas, mais s'ordonnent à l'idée nationale. Autrement dit, la conjonction des Lumières et de la Bible opère une laïcisation des principes théologiques et une sécularisation des instances confessionnelles qui instaurent en retour le pouvoir politique en monothéisme abstrait, concentrant l'unique représentation commune de la transcendance et du sacré. Dès le départ, il n'y a pas concurrence, mais coïncidence. Et, sur un peu plus de deux siècles, cette interpénétration a fini par aboutir à une forme stable : les États-Unis sont le seul pays où le fondamentalisme a réussi en ce qu'il s'y est fondu avec l'idéologie démocratique, en a fait une croyance. Croire en Dieu, croire en la démocratie, croire en l'Amérique valent même foi et même puissance[1]. »

La communion française, c'est quoi ? C'est ce qui met toute la jeunesse sur le pont par gros temps, quand se trouvent menacés les idéaux de souveraineté populaire, de laïcité et de raison. C'est une foi commune dans les valeurs de Liberté, Égalité, Fraternité. C'est une certaine conviction républicaine que ces valeurs universelles doivent s'appliquer à l'humanité entière, et que le pays qui les a le premier proclamées à la face du monde a une vocation particulière à parler pour tous les autres. Chaque pays, quels que soient ses déchirements, a sa communion à lui – le Vanuatu inclus, et le Luxembourg. Sans quoi ce ne serait pas un pays, mais un morceau de lune.

Gardons-nous de limiter l'idée à la sphère étatique ou nationale. Les communions sont de toute taille et nature. Elles concernent le

1. « L'Amérique imaginaire », *Le Figaro*, 8 octobre 2004.

monde matériel autant, sinon plus, que le spirituel. Prenons un métier manuel. Un métier, c'est ce qui reste quand on n'a plus d'emploi, au même titre que la culture, quand on a tout oublié. Un métier est un fait de culture, puisque ainsi s'appelle tout ce qui relève d'un héritage. Un métier s'apprend et se transmet, à travers un corps de métier, doté, comme tous les corps, d'un esprit. Il s'organise en communauté, car seule la communauté rend possible une transmission, et cette communauté engendre naturellement une communion. Tels sont l'idéal et la pratique du compagnonnage ouvrier, cet ordre laïque qui fédère l'apprentissage non des métiers d'art mais des plus manuels et essentiels : chaudronnier, maçon, couvreur, charpentier, tailleur de pierre, etc. Il les réunit sous une même devise : « Ne pas asservir, ne pas se servir, mais servir », et sous l'image de trois tuteurs mythiques (le roi Salomon, maître Jacques et le père Soubise). Les compagnons du Devoir et du Tour de France disposent de *maisons* dans toute la France, animées par une *mère* et dirigés par un *prévôt*. Tout le monde se tutoie dans une maison, mais il y a des règles de vie (que chaque impétrant doit lire à voix haute devant ses compagnons), des rites d'adoption et de réception, une hiérarchie interne : apprenti, stagiaire, aspirant-compagnon et compagnon. Cet itinéraire est couronné par le *chef-d'œuvre*, hommage gratuit d'un jeune à ses anciens, qui ne lui appartient pas et qu'il offre à sa communauté. Chaque corps de métier a son blason, ses signes de connivence et de distinction. Les tailleurs de pierre, lors de leur congrès, vont rituellement à la messe (souvenir des bâtisseurs de cathédrales). Les métiers du fer, par le lien historique du métallo au forgeron, sont plutôt communistes ou socialisants. La plupart de ces jeunes ouvriers sont agnostiques. Dira-t-on qu'il y a une religion de compagnonnage ? Non. Mais une communion, très certainement. Ces gosses ne sont pas des petits saints. Ils ne participent pas de l'Esprit ni des mérites du Christ, comme la communauté de tous les chrétiens morts et vivants, qui ont vécu et vivent encore en justes sur la terre, qu'on appelle la « communion des saints ». Mais si ses membres n'étaient unis par rien d'autre que la recherche du profit et l'intérêt de carrière, il y a longtemps que les compagnons n'existeraient plus comme une communauté fonctionnelle, exemplaire et créative, qui se maintient et se transforme de génération en génération.

On peut définir le plan de communion d'un collectif comme celui qui neutralise les divisions entre membres. Il est interdit de parler à table de politique et de religion dans les réfectoires des compagnons : le lien central doit rester intact. Face à toute mise en cause venant de l'extérieur (ou même du dedans), la communion américaine rassemble démocrates, républicains et abstentionnistes, et la française rassemblera gauche, centre et droite « comme un seul homme ». Ce qui n'empêche nullement les luttes de classes, d'idées, d'intérêts ou de clans de prospérer, toutes choses égales par ailleurs, jusqu'à l'instant critique de « l'union sacrée », où l'essentiel est en jeu – éclair fugace, mais qui a le don de photographier, tel un flash, la trame historique sous les plis et chatoiements d'une conjoncture politique.

Communion est un mot responsabilisant – que certains démocrates, prenant leur credo pour la réalité, jugeront culpabilisant et attentatoire à la sacro-sainte liberté de conscience. Celle-ci n'implique-t-elle pas la liberté de croire qu'on ne croit en rien ? Au fond, le terme de *religion* ne doit pas peu de sa fortune à l'immense avantage qu'il nous procure, à nous modernes : pouvoir se débarrasser sur une supposée superstructure, plus ou moins tocarde ou délabrée, de tout ce qu'on n'aime pas en nous ou dans la société – le passé, l'institution, l'hétéronomie, la tradition, la dette, le dogme. La religion, c'est la croyance de l'autre. Déjà, les manichéens des IVe et Ve siècles (qui ont perdu in extremis la partie face aux chrétiens), s'estimant eux-mêmes dans le vrai et l'évidence, n'utilisaient le mot que pour les impies qui les environnaient, et qu'ils entendaient bien convertir un jour à leur science. Nous aussi, héritiers en cela moins des Lumières que de leur zone d'ombre, nous nous défaussons sur « le religieux » du négatif de notre utopie intellectualiste, de cette part nocturne ou maudite dont se sont détournés nos héros philosophiques, à l'exception notable de Rousseau, le défricheur de la religion civile. Nous refilons magiquement aux monothéismes – qu'on jugera, selon les goûts, funestes ou secourables – la responsabilité des maux que nous n'avons pas su soigner (nous, les rationalistes agnostiques). Nous pratiquons ainsi le déni de réalité en faisant jouer au concept de religion le rôle du bouc émissaire, ou du méchant dans le western. Celui qui doit s'effacer de la scène pour l'advenue du happy end, soit l'avènement d'une humanité enfin rendue à sa maîtrise d'elle-même, avec une organisation sociale « purement humaine » qui cessera d'être assujettie à un principe fondateur extérieur et supérieur à elle-même. Le moment religieux, négatif navrant de l'autonomie, ce serait l'ultime entrave, le suprême rite de passage, une sorte de scarlatine inévitable pour l'humanité en croissance. Celle-ci aurait pour parangon et paradigme de maturité la pointe agnostique de l'Occident. Trempée par l'adversité, notre conscience souveraine va enfin pouvoir rejoindre son concept, dans la Pentecôte des libertés auto-instituées, où rayonne notre tout-à-l'ego européen. Car telle est la Bonne Nouvelle de la religion des Droits de l'Homme : la religion appartient à une période passée et dépassée. Tout au plus, dira un indulgent, peut-elle encore squatter quelques consciences méritantes, comme une option parmi d'autres. De ce que les institutions religieuses aient perdu en Occident leur statut régulateur (des États-nations), l'on tend a extrapoler, un peu précipitamment, que le sacré, dans la foulée, a perdu son rôle ordonnateur (de n'importe quel enclos humain).

Curieusement, l'examen sous l'angle politique de la religion a fini par occulter ce qu'il entre de non politique dans tout rassemblement voué à perdurer. La défausse sur un mauvais objet (à tout le moins, un objet *étrange*) d'un ensemble de traits fort déplacés propres à notre être communautaire aurait-elle pour ressort le principe de plaisir – abaisser les seuils de la tension psychique en mettant notre autosatisfaction à l'abri du culturellement intolérable ?

Que l'homme ne soit pas sa propre cause ; qu'il soit pris dès sa naissance dans et par une lignée, une généalogie, une langue et une histoire ; qu'il ait un héritage à recevoir et à transmettre, qui l'a précédé et qui lui succédera, patrimoine tant universel que local, tant moral que matériel, dont il n'a pas en tant qu'individu la libre disposition, voilà des évidences en effet ingrates pour l'aspirant self-made-man qui s'imagine pouvoir tout acquérir par l'échange et l'argent, sans rien devoir à personne. Le symbolique, n'est-ce pas ce dont nul ne peut se dire propriétaire ? Ce qui ne s'achète ni ne s'échange ? Mauvaise surprise pour l'émancipé : il y aurait donc des biens collectifs qui ne sont pas des biens mobiliers ou immobiliers ? Nous serions tenus, nous les maîtres, possesseurs et auteurs du monde, d'appartenir à ce qui ne nous appartient pas ? Cachez cette dette que je ne saurais voir. Appelons-la « religion », voyons-y une maladie infantile de la raison, tournons la page, et roulez jeunesse.

5

Du dire au faire

Vous n'avez aucune idée d'un quelconque catéchisme. Vous ne craignez ni Dieu ni diable. Vous ne croyez pas au Père Noël. Bref, vous êtes de votre temps. Informé et méfiant. Éclectique et branché. Rebelle à l'uniforme comme à la norme. Intellectuellement vertueux. Vous ne vous retrouvez pas pour autant aux îles Fortunées. Vous errez, au milieu d'une foule de gens pressés, multitude amorphe et indifférente, voire plutôt hostile (chacun pour soi). Vous tanguez, hagard, ce sont des choses qui arrivent, dans un hall de gare, sur la plage de Dinard le mois d'août, ou aux Galeries Lafayette le 24 décembre. Et vous voilà soudain saisi – imaginons un bon génie qui vous souffle à l'oreille – d'une demande assez déplacée, mais qui pourrait se révéler d'intérêt vital si, au lieu de passer par là sans même y penser, vous deviez par malheur y passer de longues années : il vous est demandé de faire en sorte que vos voisins deviennent des partenaires. Et que s'instaure, dans un petit cercle alentour, un môle de solidarité là où il n'y avait jusqu'alors qu'exaspération ou je-m'en-foutisme. Cela n'est pas une robinsonnade. C'est le genre de problème tout pratique, trivial, récurrent et névralgique que pose la formation d'une société de psychanalyse, d'un journal, d'un orchestre, d'une troupe de théâtre. Comment s'engendre un individu collectif ? Un singulier pluriel ? Un tous-ensemble, à partir d'un tous-à-la-fois ?

Dégourdis nous sommes. Mais la question « comment peut-on transformer un *ils* en *nous* ? » n'a pas disparu avec l'affaissement du Ciel. C'est même devenu, depuis que nous n'acceptons plus pour règle suprême les liens naturels du sang ou du clan, la question la plus taraudante, lancinante et frustrante qui rôde un peu partout. Comme si tous les *know-how* glissés dans nos tiroirs par l'avalanche des machines nous laissaient désemparés devant le plus trivial, le plus vital. Comme si c'était juste le mode d'emploi dont nous avons le plus besoin qui nous avait été subtilisé. Il n'y a pas de notice pour l'union des cœurs. Mais, pour édifier quelque chose comme une fédération, il y a des passages obligés. Soit un ensemble de procédures contraignantes, quasiment réglées d'avance, dans notre dos, auquel le plus franc-tireur des libertaires aura bien du mal à se soustraire (dès qu'il voudra constituer la grande Fédération anarchiste dont il ne peut s'empêcher de rêver).

Car les procédures miroitent dans un modèle amont. Car si l'on quitte les embouchures pour les sources, si on ne met pas la religion au musée comme objet patrimonial et culturel, pour observer comment s'y prend ce qu'on appelle ainsi pour forger une communauté transpersonnelle et pérenne, on sera bien forcé de constater un curieux air de parenté entre établissements profanes et compagnies sacrales, comme si tout ce qui convenait explicitement à ceux-ci convenait implicitement à celles-là. Et pour cause, si le profane est historiquement du sacré désacralisé. Par beaucoup de côtés, la confrérie ou congrégation religieuse est la vie du groupe quelconque radicalisée, à la fois sublimée et déshabillée, réduite à l'os et chauffée à blanc. Ce qui ferait de l'observation des surchauffes dites religieuses la voie royale menant à une meilleure intelligence de l'« animal politique » (congruence incongrue dont Sciences-Po, pour le plus grand soulagement des personnels exemptés de toute curiosité théologique, ne s'est pas encore avisée). Le voie *royale*, de *rex*, le roi-prêtre, celui qui a autorité pour délimiter les emplacements des villes, parce qu'il lui revient de *regere fines*, tracer les frontières, et ainsi séparer le sacré du profane.

Qu'allez-vous faire donc, vous qui n'avez nul souci de ces époques révolues, en dépit de vos répugnances et de votre esprit large, pour transformer un éphémère *tas* d'individus en un *tout* durable et résistant ? Improviser. Soit. Mais, en procédant par essais et erreurs, vous retomberez très probablement dans de vieilles ornières : tous les chemins mènent à Rome. Si Aristote n'a pas eu tort de définir l'animal humain comme politique, non pas au sens banal du primate qui vit dans une Cité mais au sens fort du « primate qui a besoin pour survivre de produire une Cité », il n'y a pas trente-six façons de se coaliser. Du moins si nous ne prenons pas l'ombre pour la proie. C'est-à-dire *le* politique, qui regarde la constitution et la perpétuation des communautés stables, pour *la* politique, ou la lutte entre groupes ou entre personnes pour la conquête et la défense du pouvoir à l'intérieur de ladite communauté[1]. Une « sociogonie » de cette sorte, eût-elle la taille d'une P.M.E., c'est l'analogue au un millième des cosmogonies à échelle cent. Le passage du chaos au cosmos,

1. Voir notre *Critique de la raison politique ou l'inconscient religieux*, Gallimard, « Bibliothèque des idées », 1981.

disait le Grec, ou du tohu-bohu à la Création, dit la Genèse. C'était, depuis les épopées mésopotamiennes, l'exploit des démiurges divins. La transition du tas au tout est l'exploit propre à l'animal non pas grégaire mais communautaire. Et le fait qu'il n'ait jamais lieu ex nihilo, comme une expérience de laboratoire (pas plus que la Création en six jours), n'interdit pas d'en esquisser comme un écorché ou une épure.

Quelques opérations fondatrices et fondamentales vous seront indispensables pour inverser l'ordinaire pagaille en un agencement à peu près viable. D'abord, tracer une frontière, délimiter une enceinte, inventer une membrane – physique ou morale –, afin de distinguer un *dedans* du *dehors* (ceux qui « en » sont de ceux qui n'en sont pas). Ensuite, vous donner une *origine*, soit un père de convention (un Abraham ou un Jacob), un événement (la fondation de Rome ou le baptême de Clovis), un idéal (liberté, égalité, fraternité), un totem (Lénine ou Mao), un principe suprême (la Constitution américaine), soit une ascendance qui permet aux membres d'un tel groupe naissant de se reconnaître et par laquelle ils feront alliance, en se démarquant des autres loyautés concurrentes. Puis il vous faudra doter votre groupe d'une *filiation*, d'un récit, d'une généalogie, peu ou prou imaginaires, susceptibles de raccorder les hasards de l'existence à ce signe premier de ralliement. Et enfin, établir une *hiérarchie* interne, une liste plus ou moins officielle ou réglée de préséances, avec un dignitaire ou une tête de file, des adjoints ou acolytes et des membres ou fidèles tout courts, seule façon d'assurer, dans l'immédiat, un minimum de cohésion interne, et, pour l'avenir, une transmission possible. Ces gestes viennent ensemble, l'un implique l'autre, il n'y a pas de priorité. En tirant un fil, vous tirerez tous les autres.

Tout cela, direz-vous, n'a rien de folichon. De fait. Le processus de construction imaginaire d'un *nous* à partir d'un chaos colloïdal n'est pas une partie de plaisir. Ce protocole, si on pouvait en changer à loisir, cela se saurait (depuis la révolution néolithique...). N'en déplaise à notre sens très aigu de l'histoire, et à notre superstition du nouveau, il n'a pas pour l'essentiel changé de nature depuis Sumer et Ninive, pas plus que la production de glace à un certain degré de congélation ou de cristaux à un certain degré de saturation. Ce sont les procédures, dirait un Athénien, qui d'un citadin font un citoyen, ou d'une agglomération, une Cité. D'un agrégat inconstitué de peuples désunis, une nation, ajouterait un jacobin. Et d'un huis clos où « l'enfer, c'est les autres », une unité combattante synthétisée par un projet, conclurait le sartrien. Ces quatre gestes quasiment sans âge, qui forment le cœur de l'ingénierie associative, constituent ce qu'il faut bien appeler l'inconscient politique de l'humanité. « Pour moi, disait Picasso, il n'y a ni passé ni futur dans l'art. » Et pourquoi y en aurait-il dans l'architecture des collectifs ?

Les grandes « religions » historiques exhibent ces nécessités inconscientes ou sous-jacentes à ciel ouvert, sous forme hyperbolique. Aussi ont-elles pu donner naissance aux plus résistants et vivaces des rassemblements humains, dotés d'une résilience sans pareil. Elle leur a permis de franchir les pires épreuves, et de surmonter des traumas auxquels nul régime politique ne résiste (depuis la destruction du Temple par Titus jusqu'au goulag de Staline en passant par galères, déportations et génocides). Les temples ont la vie dure. Ils repoussent un peu partout en Chine, comme les clochers à bulbe en Russie, plus forts que les bulldozers. La naissante sociologie, avec un flair certain, s'est intéressée aux églises plus qu'aux usines et aux palais : les précurseurs devinaient sous les secrets de l'*ekklesia* celui de nos profanes et toujours mystérieux consensus[1].

L'avantage sélectif dont jouissent les communautés de croyances sur les autres, en fait d'excellents télescopes pour observer nos profanes et prosaïques agglomérations. La créativité religieuse et le génie de l'organisation vont très souvent de pair. On comprend pourquoi, en maints pays, les saints hommes font des chefs politiques de la grande espèce, pourquoi le hiérarque traditionnel sert souvent d'ethnarque, ou de représentant désigné d'une communauté à la tête de ses activistes. Pourquoi, en Inde, chaque réorganisation dans le système des castes crée un nouveau dieu, ou cristallise une nouvelle secte. Délestée de son pathos et de ses grandiloquences, une religion n'est pas seulement un art collectif, un théâtre liturgique proposé à l'attention d'un vaste public. C'est l'art *du* collectif qui, tel un atelier à l'air libre, met à nu la machinerie du *nous*. Cet aspect *technique d'organisation* émérite

1. L'inventeur du mot *sociologie* (1837), Auguste Comte, reste à ce jour, et en dépit d'une sombre et inepte légende, produit d'une non-lecture, le meilleur théoricien du phénomène religieux. Et dès le deuxième numéro de *L'Année sociologique* (1899), on trouve un article de Durkheim intitulé « De la définition des faits religieux », suivi du fameux « Essai sur la nature et la fonction du sacrifice » de Hubert et Mauss.

oblige à quitter le domaine des *représentations* pour celui des *opérations*, et à observer comment fait tache d'huile une communion nouvelle, ainsi qu'un conquérant prend possession d'un territoire ou d'une population rétive. Une fois qu'on a ainsi remplacé le *fait* par le *faire* religieux, se dévoile en son amère rigueur l'architectonique des coalitions humaines. Et le mot fameux de Paul VI sur le religieux, « expert en humanité », ne paraît plus une forfanterie, ni une usurpation, mais le simple rappel d'une primauté, doublée d'antériorité chronologique : dans l'art de fédérer, nous les bigots, les obscurantistes, avons été les premiers, et vous, les sans-Dieu libérés, les gestionnaires, vous n'êtes pas particulièrement innovants. Vous contretypez bon an mal an l'original. Faire transcendance ; faire seuil ; faire peuple ; faire mémoire : qu'on professe ou non un Dieu, ou trente mille comme en Inde, ou aucun, comme en Chine, nous savons y faire. Nous avons fait nos preuves. Où sont les vôtres ? Et quels regroupements profanes, convictionnels ou constitutionnels, ne viennent-ils pas buter, lisez votre journal, sur ces casse-tête constitutifs : les litiges dessus-dessous, dedans-dehors, avant-après et haut-bas ? Un intouchable à quoi se référer, et qui donne sens à ce qui se passe, précisément parce qu'il échappe aux organes des sens. Une enceinte à poser pour s'opposer aux références voisines, ces idoles, au moyen d'un dogme, d'un style ou d'une pratique particulière, car un *nous* est toujours un *nous autres*. Une hiérarchie interne, qui est, par étymologie, la subordination liée au sacré, au *hieron*. Une tradition à conserver (et qui permet de *se* conserver en l'entretenant) via un dépôt de foi, ou une très ancienne langue liturgique. Les prouesses associatives des religions ont cette syntaxe en partage, qui fait leur plus petit dénominateur commun.

« Dès qu'un peuple se réunit, observait déjà Rousseau, il y a des cérémonies. » Le champion de l'égalitarisme aurait pu compléter : *et des estrades*. L'Union indienne passe pour être le pays le plus « religieux » du monde. C'est aussi celui où ces traits sont les plus accentués. C'est le siège central de l'*Homo hierarchicus*, avec le système des castes. C'est là où l'histoire est la plus longue, avec les épopées les plus anciennes. C'est là où les affrontements sont les plus sanglants, avec notamment la guerre entre les mangeurs de bœuf et les mangeurs de porc ; et là où la transcendance est la plus évidente et la plus diffuse, avec l'idée de l'Être et de l'*atman*. Mais n'y a-t-il pas à cet égard, entre l'hindouisme et les autres confessions, qu'une différence d'intensité ? On oppose parfois la tolérance et l'inégalité hindouistes à l'intolérance et à l'esprit égalitaire de l'islam. C'est oublier l'agressif « communalisme » des hindous, et le fait que l'islam (qui a entériné, sous l'Empire moghol, le système des castes) a également une vision hiérarchique de la société. Qui dit organisation dit préséance et présidence, chez les humains comme sur l'Olympe. Dans le modèle tripartite du Panthéon indo-européen selon Dumézil, il n'y a pas d'égalité entre les fonctions divines : la gestion (Quirinus) est subordonnée à la guerre (Mars), qui l'est au droit souverain (Jupiter). Et les dieux mineurs ne cessent de lutter avec ceux du premier niveau pour se faire reconnaître par eux comme des dieux à part entière. Et pas plus que chez les olympiens, l'autorité spirituelle ou morale n'est également répartie entre les membres d'une communion humaine. La monarchie catholique, « immense pyramide commandée par un souverain tout-puissant » (Paul Valadier), n'a pas le monopole des hiérarchies d'ordre (évêques, prêtres, ministres) et des hiérarchies de juridiction (pape, évêques, curés). L'orthodoxie égalitaire a refusé la hiérarchie unitaire et pyramidale de l'Église romaine. Les quatorze Églises autocéphales qui forment la communion orthodoxe sont doctrinalement égales entre elles, mais outre que chacune a son primat, archevêque ou métropolite, une primauté d'honneur ou une présidence dans la charité est reconnue au patriarcat œcuménique de Constantinople, dont ne jouissent pas les patriarcats non moins anciens d'Alexandrie, d'Antioche et de Jérusalem. Sans doute, dira le théologien d'aujourd'hui, démocratie oblige, il n'y a pas dans l'Église d'échelons supérieurs et inférieurs mais des « missions différenciées » réparties entre plusieurs ministères, tous également au service du Christ. Mais pourquoi avoir honte d'un inévitable étagement auquel n'échappe aucun laboratoire du CNRS, aucune meute scoute, aucun syndicat ouvrier – pas même la Chine égalitariste de la Révolution culturelle, où la suppression officielle des signes distinctifs entre supérieurs et inférieurs dans le Parti avait aussitôt vu l'apparition d'uniformes kaki à deux poches (pour les cadres moyens) et quatre poches (pour les supérieurs). La hiérarchisation de l'autorité peut se faire sur le mode personnel dans l'Église catholique, collégial chez les orthodoxes, communautaire chez les protestants, elle ne sera jamais répartie à parts égales entre les fidèles d'un même culte. Là où il y a un corps, fût-il d'esprit charismatique, il y a une tête, fût-elle démocratiquement élue (à la tête de la libre communauté de l'Emmanuel, où chaque membre renouvelle son engagement chaque année, existe un modérateur élu tous les trois ans). Le rabbin est l'autorité de référence du juif, comme le bonze l'est du bouddhiste, et le renonçant, du brahmane. Il n'y a pas de lien d'obéissance, mais il y a les consacrés et les autres. Les élus et les réprouvés. Et en dehors des nôtres, chaleureuse fraternité, les froides ténèbres extérieures où grouillent réactionnaires, partageux, impies, barbares ou superstitieux.

On dénonce à l'envi, comme une chose indigne ou indue, « l'instrumentalisation politique de la religion ». Stupéfiant oubli des généalogies. N'est-ce pas la vocation initiale du religieux que d'être moyen de ralliement ? Comme la mère juive se sert aujourd'hui de Pessah ou Hanouka pour regrouper sa famille, distante ou sceptique, comme le leader arabe aux abois se sert de l'islam pour remobiliser ses troupes, les hommes de jadis se sont donné des sacralités pour serrer les rangs et cheminer de conserve. Et ceux d'aujourd'hui (re)produisent du transcendant dès qu'ils doivent (re)produire du lien, comme cela se voit par temps de guerre ou d'agression terroriste, en dépit des superstructures juridiques : voir les États-Unis d'Amérique et Israël, nations jeunes, mais pas précisément arriérées. Ce *revivalisme* mystique montant d'en bas, relayé par le haut, est à la mesure des menaces pesant sur l'intégrité physique ou territoriale du groupe. Croit-on que « la mise du religieux au service d'intérêts profanes » serait aussi spontanément acceptée, aussi galvanisante, aussi bien répartie entre hindous, juifs, chrétiens, bouddhistes, musulmans, etc., s'il n'y avait au départ et par structure homologie et connivence entre l'acte de se rassembler et l'acte d'adhérer ? Un dogme n'est-il pas un signe de communion ? Et le credo, la formule de la communion chrétienne ? Pour produire de l'*inter*, donnez-vous un *méta*. Nocifs sont les intégristes en ce qu'ils jettent de l'huile sur le feu communautaire. Nocifs, par un autre tour de nuisance, les individualistes qui le douchent à l'eau froide. Le feu sacré leur préexiste et leur survivra. Nous n'avons pas vitalement intérêt à ce que la fièvre groupale monte trop haut ; mais encore moins à ce qu'elle tombe à zéro. Une honnête moyenne suffit.

Il est clair à cet égard que l'ectoplasmique Union européenne n'atteint pas la moyenne. Elle est sans contours ni point de fuite, et l'un par l'autre : incapable de se doter d'une frontière stratégique, incapable de se donner une fiction maîtresse. Les Américains ne le sont pas seulement par état civil, ils habitent un sanctuaire : un espace consacré où toute intrusion vaut profanation (et donc représailles). Et pour cause, s'ils sont une île sous l'œil de Dieu, imprimé dans un triangle sur chaque dollar. Le sacré est un effet de seuil, qui ne sépare pas le retrait de l'accueil. Il y a un rêve américain, il n'y a qu'une banque européenne. Aussi les États-Unis, où il n'y a pas de villes fortifiées, sont-ils une forteresse ; et l'Europe unie, où il y en a tant, une usine à gaz. Les premiers ont transcendance et consistance, la seconde a des calculettes et pourvoit aux subsistances. Pour quelle finalité ? Avec quel sentiment d'obligation ? En dette avec quoi ? Seule une convocation symbolique – autre chose qu'un cataplasme juridique – pourra transformer une combinaison d'intérêts nationaux en une convergence des cœurs et des âmes. Elle sera alors dotée d'un périmètre et d'une image de soi, par référence à un idéal ou un mythe unificateur, fût-il laïque et séculier. On ne détruit que ce que l'on remplace, et remplacer un légendaire national par un galimatias procédural n'annonce que des lendemains déchanteurs.

Il faut bien constater (et c'est bien regrettable) une concomitance, au sein d'un groupe agressé, entre durcissement des frontières et retour aux sources. Car plus on adhère (à son cadre de référence), plus on se retranche (du commun des mortels). Le communiel est d'humeur séparatiste, et il goûte les quartiers réservés. Le peuple juif, peuple de prêtres, est *am segoula*, « un peuple séparé » (« le trésor bien-aimé de Dieu », commente Rachi). Transcendance et clôture vont de pair. « La mort, disait Malraux, transforme la vie en destin. » Traduisons : elle sanctuarise parce qu'elle referme une existence sur elle-même. En grec, sanctuaire se dit *teménè*, de *temno*, découper. D'où vient *templum*. Ce qui est à l'intérieur, c'est ce qui est sacré, ce qui est devant l'enceinte, *pro-fanum*, c'est le profane. Qui franchit le sillon tracé autour de la ville sera puni de mort (Remus par Romulus). Notre « sacré » chrétien vient du *sacratus* latin, participe passé de *sacrare*, consacrer. Un linge, un vase, un objet sont dits sacrés lorsqu'ils sont mis à part, pour des usages réservés. Sacré n'est pas saint, qualité réservée aux personnes. Un homme est saint quand il vit *pour* les autres, alors que nous vivons, nous, *avec* les autres. Et une chose est sacrée quand elle est mise *à distance* des autres choses, protégée dans sa pureté, circonscrite dans ses abords. Le sacré classique désigne ce qui doit être inviolablement gardé. Les jurisconsultes romains citaient comme exemples de *res sanctae* les murs et les portes de la ville. Il est d'usage, depuis Bergson, d'opposer, comme la pesanteur à la grâce, le clos à l'ouvert. Le clos, synonyme d'oppression par le groupe. L'ouvert, synonyme d'échappée personnelle vers le haut. L'expérience historique suggère que c'est au contraire la clôture à l'horizontale qui suscite l'ouverture à la verticale. Si l'homme ne savait enceindre, il n'aurait jamais rien su de l'infini. Et quand il ne peut ou n'ose plus s'enclore, comme l'en dissuade la vogue actuelle du « sans-frontières », le voilà captif, enfermé dans son mal-être, prisonnier de ses richesses, s'asphyxiant dans son présent.

N'en déplaise à Bergson, qui fait l'apologie de la « religion ouverte », les annales ignorent le cas de confessions à claire-voie et de foi sans rivages. Les diasporas menacées d'assimilation ne sont pas les moins portées sur la barrière et l'obstacle. Lorsqu'une religion est missionnaire ou transethnique, elle se ferme idéalement par le Dogme historique ou la Loi initiale sous laquelle elle rassemble : chrétienté ou islam. Lorsqu'elle est ouverte et syncrétique, accueillante à d'autres dieux rivaux, comme en Afrique, elle se ferme par le territoire ou le lignage de ceux qu'elle rassemble. Sans doute un perturbateur prophétique vient-il de loin en loin réinsuffler de la vie dans un ensemble menacé de sclérose, en déstabilisant les clôtures sécurisantes de l'institution. Que ce soit Isaïe, Jésus ou Mahomet (ou, à une échelle inférieure, Jeanne d'Arc, le Mahdî ou Gandhi), le prophète passe par-dessus la tête du prince et du prêtre pour s'adresser directement à son peuple, au nom d'un Être suréminent qui l'envoie. Mais, après sa mort, l'envoyé deviendra lui-même suréminent, et une orthodoxie nouvelle s'édifiera sur et en son nom. La brèche prophétique transperce l'enceinte d'hier et va en dresser une deuxième à son corps défendant. On attendait la Terre promise, on a eu les rois. On attendait le royaume, on a eu l'Église. On attendait l'Oumma, on a eu les califes. Le perpétuel recommencement, l'effort cyclique, déprise et reprise – disons : l'éternelle désillusion –, sont l'autre nom de l'accomplissement, la face laborieuse, suante et douloureuse de l'incarnation. Dans la respiration du clos et de l'ouvert, le temps faible l'emporte sur le temps fort. Il revient en définitive au politique, non au mystique, parce que le bouche-trou semble bien, hélas, le fin mot de la trouée. On avance pour tourner en rond : la clôture des institutions appelle le bris de clôture, percée inspirée et solitaire d'où naîtra une nouvelle clôture le surlendemain.

Savoir pourquoi le sacré nous colle à la peau, et savoir pourquoi la peau est ce que nous avons de plus profond : ces deux questions n'en font qu'une. Notre hypothèse de réponse à l'une et à l'autre se nomme *principe d'incomplétude* : aucun ensemble ne peut se clore à l'aide des seuls éléments de cet ensemble. Dès qu'il y a un *dedans* à démarquer d'un *dehors*, il y a un *au-dessus* à inventer – ou à retrouver. *Délirer pour relier* : telle serait la saumâtre devise découlant de cette bizarrerie aussi indémontrable en bonne logique qu'attestée par toutes les incorporations collectives dont nous pouvons avoir trace (un principe n'a de preuves qu'a contrario). Toute « fermeture » exige une référence à un instituant situé en dehors du plan de bouclage. Pour les stoïciens, c'était la participation à un principe supérieur divinisé, le Logos ou la Raison naturelle, imprégnant l'ensemble des esprits humains, qui faisait de l'humanité morcelée une communauté. Et plus une communauté se sentira à part, plus élevée sera sa clé de voûte. L'Amérique de Bush a remplacé l'Athéna de Périclès par *l'invocatio Dei*, mais demeure la mise en jeu d'un point focal tutélaire parce que hors d'atteinte. Les bouleutes athéniens ne pénétraient pas dans la salle du Conseil sans avoir sacrifié une génisse, et les sénateurs américains ne commencent pas leur session, ni les militants une Convention de leur parti (démocrate ou républicain), sans une prière propitiatoire. Les portes fermées en bas, le chapelain du Sénat « ouvre » sur le haut. Panathénées ou

Thanksgiving Day, plus intense sera le sentiment d'unité, plus fervente l'adresse au supérieur. *Sublato Numine, tollitur civitas* : Enlevez le nom sacré, et la cité s'effondre. Désacralisez Lénine, et l'Union soviétique se disloquera. Ridiculisez Washington, et les États-Unis se décomposeront. Le merveilleux cimente, l'utilitaire délite : là est le point aveugle des soi-disant réalistes. Nietzsche demandait que la morale et le souci d'évaluer fussent confiés au physiologiste et à la science médicale. On pourrait demander que le blindage du flou soit dorénavant confié aux grands fabulateurs et aux sciences religieuses.

D'où découle un embarras à la fois politique et pédagogique. Si *union sacrée* est un pléonasme, l'union au-dedans sans division d'avec un dehors est une incohérence. L'idée de religion naturelle, qui serait le credo de tout le monde, n'est pas une idée religieuse mais un vœu pieux, autant dire une idée de philosophe, et l'idéal de religion universelle, comme la République du même nom, a connu le sort de l'espéranto. Enseigner aux élèves ce qui rassemble et non ce qui divise, recommande la circulaire type dans nos rectorats. À la bonne heure. Mais ce sera enseigner la moitié du *faire* religieux : l'endroit sans l'envers. Car vouloir le trait d'union sans la ligne de partage est d'une grande inconséquence, qui revient à refuser les conséquences de ce que l'on veut... La démarcation d'un *nous* procède d'une altercation avec un *eux*, que ce soit le voisin (musulman pour l'hindou) ou le prédécesseur (le dieu Baal pour le juif, le juif pour le chrétien, le catholique pour le protestant, etc.). Et les ouvriers de la fraternité sont également doués pour la croisade, la guerre sainte ou l'excommunication, tant les conditions de félicité d'un groupe humain font rarement le bonheur de son voisin. N'importe quel conflit, fût-il pacifique, retend la toile, et accélère l'intégration (la France black-blanc-beur après la Coupe du monde de football). L'identification par affrontement, si la redondance est permise, déclenche les hystéries jubilatoires ou afflictives du populo (le Mondial) comme du fidèle patriote (le djihad, ou *Infinite Justice*). On pleure avec l'équipe défaite, et l'on exulte avec l'équipe victorieuse. Qui, on ? Un peuple entier, pour qui le foot est mille fois plus exaltant que le saut en hauteur à la première personne du singulier (plus spirituel et moins religieux). La communion divine pérennise le sentiment d'appartenance, les jeux du stade le font clignoter. Ces derniers servent d'exutoire licite à des religions nationales par ailleurs moralement interdites et militairement empêchées, sauf aux États-Unis d'Amérique.

Parmi les choses déplacées quoique nullement insolites qu'il nous faudrait zapper pour mettre un terme aux déplorables débordements liés aux communions humaines devraient figurer : le chant choral (y compris sur le lieu de travail, dans les entreprises) ; les barrières métalliques, grilles ou enceintes diverses, postes-frontières inclus ; les échelons dans l'organigramme ; les liesses populaires (fêtes nationales, manifestations sportives, meetings partisans, commémorations diverses). Sans oublier la mort, avec son incoercible escorte de réflexes sacralisants (minute de silence, processions, invocations, effigies, etc.). Voilà autant de conjonctures qu'on peut appeler *hiérogènes* (comme on dit pathogènes). Elles ont été, sont et seront la source de toutes sortes d'idolâtries, lévitations collectives et bouffées délirantes ; mais aussi d'harmonie retrouvée, de réconciliation, d'inspiration et même de plaisir physique (les vertus épanouissantes du chant et tonifiantes du meeting). Le « moi, je ne suis pas croyant, ces dévotions naïves ne me concernent pas » suppose que soit fait litière de maints et très ordinaires passages aux limites auxquels nul tartempion n'échappe. *De te fabula narratur*. En d'autres termes : l'éradication des religions n'éliminerait pas plus le sacré que la dissolution des armées la violence.

La critique de la religion est un passage obligé dans l'histoire de la philosophie, depuis au moins Xénophane, qui se moquait des mythes, et Lucrèce, qui faisait de même pour les sacrifices et les augures. Elle en constituerait presque l'acte de naissance, ou d'émancipation. Aujourd'hui encore, au sein de l'Éducation nationale, ce sont les professeurs de philosophie qui sont les plus réfractaires aux balbutiants projets d'enseignement du fait religieux dans l'école publique (au contraire des professeurs d'histoire-géo et de lettres). Beaucoup, en gardiens du temple de la raison, voient là le prodrome d'une démission devant les noires puissances du dogme et de l'imaginaire. On pourrait se demander si ce que nous avons baptisé religions ne serait pas mieux fondé à critiquer les philosophies, non pas au nom du Très-Haut, mais du très-bas. Le zozo et l'astucieux, le béjaune et le pro ne sont peut-être pas ceux qu'on croit : pour faire lever la pâte humaine, le mythe est un réalisme, et la raison, un idéalisme. Quel sentiment d'appartenance, quel système d'entraide, quelle fierté collective, quel vouloir-vivre, quel élan d'amour ou de compassion ont légué à leur postérité Lucrèce, Spinoza, Feuerbach ou Alain même ? Sans doute n'ont-ils pas élevé de bûchers, ni sonné la croisade, ni armé de terroristes. Mais, l'un dans l'autre, de quel poids ces immenses esprits auront-ils pesé sur le destin des hommes et le cours des choses ? Combien de mères ont-ils aidées à vivre après la mort d'un enfant ? Combien d'hôpitaux, d'asiles, de traversées d'océans, de codes, de routes, de bâtiments, de fresques ? Dès qu'une école de pensée a voulu engendrer un monde commun, et tracer son sillon à travers la poussière humaine, elle a dû trahir ses propres bergeries et utopies pour tourner ou retourner à la secte – telle celle d'Épicure, au reste divinisé par l'athée Lucrèce (*deus ille fuit*...), dans son magnifique pamphlet antireligieux, le *De natura rerum*, symptomatiquement dédié à la déesse Vénus. Passé l'âge antique où elles désignaient un mode de vie, et pas seulement de pensée, une nouvelle façon d'habiter, de manger, de voyager et de mourir, les sociétés de philosophie n'ont jamais su faire société pour de bon, ni concert ni consensus. La franc-maçonnerie spéculative, nous opposera-t-on, y est bien parvenue. Cela est vrai, mais au prix, justement, d'un calque plus ou moins involontaire des rituels, emblèmes et grades propres à l'organisation religieuse. Et dès qu'ils se sont métamorphosés en une force psycho-dynamique, pour leur plus grand désarroi ou déconfiture, les solos de la dialectique moderne sont devenus caricatures de religion ou communions au rabais (dernier avatar : le marxisme-léninisme). Friabilité des savoirs positifs, fiabilité des mythologies ? Aux innocents les mains pleines. Se mettre à l'école des religions pour apprendre comment les hommes peuvent transformer en molécules leur dispersion atomique, ne serait-ce pas, pour les philosophants, outre un salutaire exercice d'humilité, une initiation pratique à la grammaire des résistances humaines face à la mort (*superstitieux* vient de *superstes*, survivant) ?

À l'inverse, n'aurions-nous pas nous-mêmes, témoins et commentateurs, trop accordé à l'âme, à la mysticité, à l'ésotérique, quand nous abordons la sphère des communions de foi ? Ne ferions-nous pas, devant tous les pasteurs d'ouailles, trop crédit à leur prêchi-prêcha, et pas assez à leur savoir-faire ? Mais ce déséquilibre a encore sa part de vérité. Les illuminations du prophète ont rassemblé de vrais troupeaux de chair et d'os, au lieu d'aller engorger les rayons des bibliothèques ? Ces divagations furent opérationnelles ? Ces flambées d'enthousiasme ne sont pas retombées avec les illuminés et illusionnistes qui les ont allumées ? Question : comment se fait-il ? Et s'il fallait une once de saint-esprit pour réussir à faire corps ? Un zeste d'au-delà pour accoucher ici-bas d'une pérennité quelconque ? Sagesse de la folie religieuse, folie des sagesses philosophiques...

Peut-on, sans renoncer à nos lumières naturelles ni s'agenouiller devant l'insondable, rendre raison de cet embarras logique, et pas spécialement réconfortant ?

6

Le ressort symbolique

Résorber la religion dans ses fonctions agglutinantes ne laisse pas de susciter un haut-le-cœur chez les croyants et les savants, sur ce point réconciliés. On crie ici et là au réductionnisme, au tout politique, au positivisme le plus plat. Et l'on n'a pas tort. La récusation est morale quand elle émane d'hommes ou de femmes dont l'expérience spirituelle, chaleureuse et authentique, se sent bafouée par la froide approche collectiviste à laquelle on attache un peu paresseusement le nom de Durkheim (auquel on ne manquera pas, bien à tort, de nous rattacher ici). Au regard de la joie inconditionnelle, espérante, exultante, que soulève chez tout être normalement constitué une rencontre charnelle avec le divin, voire avec la personne du Christ, l'explication par des motifs d'ordre public ou de rendement identitaire paraîtra pour le moins courte et basse de plafond. Napoléonienne ou préfectorale. D'où le dédain qu'inspirent d'ordinaire les approches sociologiques aux hommes et aux femmes de foi, qui la vivent du dedans. Tout ce qu'il entre d'appel, de saisissement au tréfonds, d'intime et irrésistible convocation dans un acte de foi, une prière, et a fortiori une conversion, ne saurait se reconnaître dans des considérations aussi prosaïques et extérieures.

Le deuxième argument est moins passionnel ou plus objectif : c'est la cohérence logique. Le raisonnement du sociologue serait circulaire. La force anonyme et diffuse qu'incarne ou exprime le sacré ne serait rien d'autre que la société elle-même, « laquelle est à ses membres ce qu'un Dieu est à son fidèle ». C'est donc sa propre société que le fidèle respecte en respectant son dieu, assimilable à une contrainte sociale remise au bien. Mais si les deux choses s'entre-expriment, on ne sait plus, de la conscience religieuse ou de la conscience collective, laquelle sert de miroir à l'autre, puisque celle-ci a déjà les caractéristiques de celle-là. Il y a cercle. Une conception religieuse de la société engendre une conception sociologiste de la religion. Mais d'où vient le caractère religieux de la société, cela n'est pas expliqué par le durkheimien d'ancienne et bonne trempe.

Ces deux objections, l'existentielle et l'intellectuelle, nous semblent pleinement recevables l'une comme l'autre – mais nullement insurmontables. Elles peuvent être levées, nous semble-t-il, pour peu qu'on rétablisse en amont un troisième terme, facteur commun à la vie secrète des âmes et aux cérémonials des cités : la capacité symbolique du primate humain. La religion n'est pas que du social, certes. Mais le social non plus n'est pas que du social. Toute cohésion apte à triompher de la poussière exige un montage symbolique (voir plus haut). L'approche politique du facteur religieux ne devrait plus alors être dite erronée, mais incomplète et insuffisante. Elle deviendrait dans cette hypothèse un arrêt intermédiaire, une sorte d'entresol dans l'escalier des raisons conduisant au dernier étage, la structuration symbolique de notre existence comme de notre environnement. Là résiderait, et telle est notre archithèse, la matrice explicative tant des inconvenances du faire groupe que des entêtement du faire croire.

Que doit-on entendre par *fonctionnement symbolique* de l'esprit humain ? Le plus simple. Le plus banal. Est symbole, dit le dictionnaire, « tout ce qui représente autre chose en vertu d'une correspondance ». L'entendement du *sapiens sapiens* est ainsi fait qu'il met spontanément le visible en correspondance avec de l'invisible, le présent avec de l'absence, le matériel avec de l'immatériel. Il se re-présente la chose brute, et, superposant cette représentation à la présence, ne peut s'empêcher de voir double. En légendant la moindre image, en fabulant le moindre fait, en les rapportant à quelque chose qui n'est pas là, mais qui aurait dû, pu ou devrait être. Cette « autre chose », étrangeté invisible et supérieure, et qui fait obligation, est en général un *être de parole*. Il peut prendre bien des aspects – un ancêtre crocodile, les esprits de la forêt, un mana, un djinn, un dieu, un ordre cosmique, une force, un principe métahistorique (la Liberté, la République, la Justice), un mythe historique (la Classe, la Race, le Peuple). Ce sera ailleurs une figure de l'Origine – type Abraham –, ou un englobant grâce auquel je vais pouvoir m'appréhender comme intégré à une totalité supérieure intangible et invisible (la Nature, l'Histoire, le Destin, l'Empire, le Prolétariat, la Nation, etc.). Puissances célestes ou non, l'animal qui sait qu'il va mourir prend ses précautions en se dotant de vocables à majuscule. L'éphémère tremblant face aux galaxies et fouetté par son néant, guidé par l'instinct de conservation, se raccroche mentalement à des entités majeures – les mânes des ancêtres ou le Ciel des Idées intelligibles – qui auront l'avantage sur lui de ne pas mourir avec lui. Pivot d'une représentation sublimante de notre Landerneau, la *personne morale* sera toujours plus que la somme de ses composants physiques : un Français, mais la France ; un homme, mais l'Humanité ; un musulman, mais l'islam ; un bouddhiste, mais Bouddha ; un juge, mais la Justice ; un Européen, mais l'Europe (mythe aussi irrécusable que sa réalité est confuse). Et l'Humanité, parce qu'elle est composée de plus de morts que de vivants, est plus que l'addition des humains qui se bousculent en ce moment sur la planète. Comme la *Mother India* est d'une autre nature que le milliard d'habitants actuels de l'Union indienne. C'est même ce genre de réalités irréelles dont il y a tout lieu de supposer qu'elles n'existent que dans notre cerveau, telle la Loi non écrite pour Antigone, la Patrie pour le poilu de 14, le Paradis pour le kamikaze islamique ou le Salut pour le martyr chrétien, qui nous rend le monde à la fois insupportable pour aujourd'hui et supportable en pointillé, comme il rend notre vie « digne d'être vécue », et parfois sacrifiée. Une personne morale est un antidestin. Ce point sublime parce que inexistant transforme le moment actuel en une redite ou un prologue, et notre vie entière, en l'attente de pouvoir enfin ou le regret de n'avoir pas pu. Gardons-nous du cliché qui oppose la nostalgie à l'efficence : ce sont les nostalgiques qui font les révolutions. L'ange de l'Histoire regarde en arrière pour foncer vers l'avant. Qu'il soit Éden ou phalanstère, c'est l'inactualité du fondement qui nous comble – « l'absence comblante de Dieu », dit le mystique – en nous permettant d'échapper d'un même élan à un destin navrant et à un asphyxiant surplace. Le mot moqueur *d'arrière-monde*, emprunté à Nietzsche, ne manque-t-il pas la fonction mobilisatrice du manque ? C'est l'extériorité de l'instituant qui nous fait tenir debout. « Que serions-nous sans le secours de ce qui n'existe pas ? » demandait Valéry, qui ajoutait, tout désabusé qu'il fût, ou plutôt parce qu'il l'était : « Les mythes sont les âmes de nos actions et de nos amours. Nous ne pouvons agir qu'en nous mouvant vers un fantôme. Nous ne pouvons aimer que ce que nous créons. » La plus grande grâce que Dieu nous ait faite à cet égard est sans doute de ne pas exister. Ou est-ce une précaution ? Car si sa réalité était patente, nous aurions tôt fait de mettre au-dessus de lui un autre Dieu, plus aimable encore car mieux caché. Un mystique serait peut-être même fondé à voir dans son évasive discrétion la meilleure preuve de la compassion qu'il a pour nous, ses créatures, toujours assoiffées d'absences. Mais ne pouvait-on, hier, en dire autant de Marianne, que personne n'a vue de ses yeux, ou des lois de l'histoire ? C'étaient des vues de l'esprit ? Mais qu'est-ce qui ne l'est pas, dans la poursuite du bonheur ? Entre le XIXe et le XXe siècle, elles « ont fait marcher » des millions de gogos, et périr sans phrases des millions de victimes – souvent les mêmes. Le sens de l'histoire marxiste avait eu la berlue ? Pense-t-on que la fin de l'histoire ou le marché libre puissent aujourd'hui produire leurs preuves par a + b ? Disons-le sans fard : personne n'aime être berné, mais c'est en s'appuyant sur le mirage du jour que nous dénonçons celui de la veille. Faut-il s'en plaindre ? Une société que nul surmonde ne viendrait hanter frôlerait vite l'hébétude, tel un chat empêché de rêver.

Le don de double vue qui nous fait appréhender le réel comme l'apparence du réel, un nouveau-né vagissant en image de Dieu, un corbeau dans le ciel en présage ou un raz de marée en punition de nos péchés, n'a pas disparu avec la conception religieuse du monde. Il fait mener aux plus terre à terre une double vie, toute souffrance se doublant d'une doléance. Notre société, chue d'un désastre obscur, est peu ou prou ressentie par le mammifère perfectionniste comme l'ombre portée d'une autre, la vraie, la bonne, qui a déjà eu lieu *in illo tempore*, et s'est lamentablement dégradée depuis. C'était surtout la honte des civilisations agraires, avec leur éternel retour, leur Éden, leur Atlantide noyée. Nous avons plutôt tendance, nous les progressistes, qui remplaçons l'archétype déchu par le programme à échéance, à loger la plénitude dans l'avenir. Mais que nous vivions nos petites tribulations comme la pâle copie d'une première édition perdue ou épuisée (la nostalgie n'est plus ce qu'elle était) ou bien comme la bande-annonce d'un long-métrage (sans cesse remis à la semaine prochaine), l'*original manque*. Il a été, ou il sera un jour. Et nous échoit entre-temps une sorte de couturière avant la générale, laquelle, si elle advenait en fait, serait encore roupie de sansonnet en comparaison avec l'arrivée des cosaques, de Palm Beach ou du Saint-Esprit, soit le vrai coup de théâtre auquel nous sommes persuadés d'avoir droit. Quand fera-t-il jour, camarades ? L'homme est un être qui s'attend ou, à défaut, s'excuse d'être arrivé en retard. Jamais à sa vraie place, l'exilé natal, jamais à la bonne heure. Pré-ceci ou post-cela.

La foi est définie par les fidèles comme l'aptitude à connaître ce qu'on ne voit pas. Ceux qui n'ont pas cette grâce se contentent de percevoir autour d'eux un persistant et agaçant clair-obscur. Être le seul animal vivant à pouvoir ensigner le réel et décoller de sa vie immédiate n'a pas que des bénéfices. Inutile de s'étendre sur les ravages causés par cette propension à entendre des voix qui ne sortent d'aucun larynx, à s'extasier de visions qui ne doivent rien au nerf optique. Si l'on n'a pas de goût pour les livres d'histoire, on peut toujours brancher sa télé et regarder, après les fanas du Progrès, les fous de Dieu en activité. Mais si nous ne pouvons encore l'expliquer en termes neurophysiologiques, le fait est que les faits ne nous suffisent pas. L'esprit humain est certes une chose – en clair : un cerveau –, mais ainsi câblé qu'il ne peut s'empêcher de se référer à des choses qui ne sont pas des choses. Cette faculté de rêver les yeux ouverts que nous pouvons qualifier d'innée, à notre échelle de temps, il est vraisemblable qu'elle ne se rencontrait pas il y a huit cent mille ans d'ici dans un encéphale d'hominidé (700 centimètres cubes, un million d'années), avec la chimie des neurones correspondante. Notre cerveau a triplé de volume depuis un demi-million d'années. Faut-il situer l'émergence des autosuggestions au moment de l'apparition de la sépulture – preuve d'une référence à un au-delà immatériel ? Après l'*Homo erectus*, avant l'*Homo sapiens*, vers 50 000 ans avant notre ère ? Aux spécialistes des neurosciences et aux paléoanthropologues de dater l'émergence de notre folie douce. À nous d'enregistrer la situation faite au somnambule debout qui ne peut se réveiller de son rêve sans se couper les jambes, et donc sans se plonger bientôt dans un autre. Et le jeu de résonances qu'on appelle une culture – « ça me fait penser à » – donne un accent unique à chaque canton d'humanité, eût-il le même Dieu que son voisin. Le christianisme doloriste et tragique du Castillan n'est pas celui de l'Américain, héréditairement entraîné à « vénérer un Dieu sans colère qui conduit des hommes sans péché vers un Royaume sans Jugement avec l'aide d'un Christ sans Croix » (Richard Niebuhr). Quoi qu'il en soit, impossible, de part et d'autre du Rio Grande, de ne pas mêler le reçu au construit. Nous prêtons une logique abstraite jusqu'aux qualités sensibles telles que le chaud et le froid, le salé et le sucré, le cru et le cuit (logique d'opposition ou d'association par contrariété). Si la nature a horreur du vide, la culture a horreur du plein. Tout ancré qu'il soit dans la reproduction sexuée, un système de parenté demeure irréductible à des liens biologiques de filiation et de consanguinité : c'est un système arbitraire de représentations, à base de règles et d'interdits, qui n'existent pas dans la nature. Un spermatozoïde et un ovule suffisent à faire un fœtus. Il faut beaucoup plus pour faire un petit d'homme : des prohibitions, des lois, des mythes, bref, du fantastique. Même un territoire naturel comme celui d'une tribu ou d'une nation, même un territoire de chasse comme celui d'un clan de chasseurs-cueilleurs, sont d'emblée investis de récits et de songes, dotés d'un centre cérémoniel et d'une périphérie dévaluée, de sites légendaires et d'azimuts chargés d'affects. La Terre fatiguée d'avoir trop d'hommes sur son dos, dont le *Mahabharata* hindou relaie la plainte auprès des dieux, est autre chose que le manteau de la sphère terrestre que sonde le géologue...

***

La transfiguration des choses brutes que produit leur mise en écho avec un suprasensible donne à l'histoire un fond de poésie ; et au poétique, une efficacité politique certaine. Les épopées et légendes des peuples en sont une preuve parmi d'autres. Ces récits incroyables bénéficient d'une crédibilité persistante étrangement, comme un taux d'écoute minimal et constant, mais qui peut, tel un volcan ensommeillé, entrer à tout instant en éruption. « Les jours s'en vont, je demeure », moi, texte sacré, moi Veda, Livre des morts, *Iliade* ou bien Genèse. Au contraire des inventions techniques et des théories scientifiques, par nature soumises à obsolescence, il n'y a pas de caducité dans la production mythique, et aucune mélodie religieuse n'est annulée par la suivante. Chacune touche en nous une corde sensible, parce qu'elle fait résonner avec un accent particulier cette aptitude à vivre l'ici sur fond d'ailleurs, et l'instant en contrepoint d'hier ou de demain. Quelque chose nous a été transmis, ne fût-ce qu'un nom de famille, qui fait lien entre les générations, et déborde mon présent. Une dette doit s'acquitter, et pour autant que nous payions, il y aura toujours un reste, reliquat ou remords.

Il n'existe pas d'être humain, aussi fruste soit-il, sans un ange plus ou moins subtil sur son épaule. Ce garde-corps est transparent, mais il peut mettre son protégé au garde-à-vous sans crier gare. Ce peut être un dieu ou un presque dieu. Mais aussi, et plus communément, un livre, une devise, un drapeau, ou un enfant décédé, ou le souvenir d'un mirador. Un premier de lignée, un nom de ville ou de héros. Un arbre, une colline, un fleuve ou un soleil trompeur, l'habituel messie-despote des libérations nationales. Dans la fleur de l'âge, il est fréquent qu'on ne veuille pas entendre parler de l'ange du grand conseil. Ce dernier nous chuchote à l'oreille quand le pas se ralentit, et, peu avant le dernier couac, nous découvrons qu'il avait toujours été là. Il y a de fortes natures, mais le faraud sans garant invisible est plutôt malheureux. « Si le Christ n'a pas ressuscité, disait saint Paul, vaine est notre foi... Si nous qui sommes dans le Christ n'avons espoir que dans cette vie-ci, nous sommes les plus malheureux des hommes (I Cor. XV, 12-32). Et donc, va pour la vie éternelle. Désespoir déconseillé ; résurrection oblige. Note en bas de page : l'expérience témoigne que l'homme-qui-ne-voulait-pas-de-son-ange le verra réapparaître, à sa grande surprise, sur l'épaule d'un rejeton, ou d'un arrière-petit-fils.

Handicap ou privilège ? Charisme ou péché ? Les deux, mon cher frère. Le pire et le meilleur, l'abjection et l'abnégation, puisent à la même source chaude. Les « spiritualistes », fascinés par cette faculté ascensionnelle (le néant capable de Dieu), célèbrent le génie des lévitations. Et de saluer « l'immense richesse du rapport inépuisable de l'être humain à la réalité mystérieuse du sacré ». Les « matérialistes », qui daubent les lunatiques et les chimères, nous engagent à ne pas nous rendre malheureux pour rien. Et d'appeler les gobe-mouches à se ressaisir. « N'écoutez pas le chant des sirènes. Défendez vos intérêts, en oubliant ces billevesées que sont vos idées d'héritage ou de mission. » Chacun des deux camps a un excellent dossier. Et après ? Le signe plus et le signe moins sont indissociables, mais on sait à quel point il nous est pénible de vivre avec deux idées existentiellement nécessaires et logiquement contradictoires. La finalité divine de la trajectoire humaine est un *produit dérivé* de notre aptitude symbolique, au sens où l'on parle en chimie des dérivés de la houille et du pétrole : des substances préparées en partant d'une autre substance et qui conservent les capacités de la première. La faculté référentielle porte en son sein une conduite révérencielle comme le nuage porte la pluie, d'où peuvent sortir autant d'exactions que d'exploits. Notre incapacité à nous en tenir au réel immédiat, source de nos délires d'interprétation et ressort du recyclage croyant, nous élève pour les mêmes raisons qu'elle peut nous avilir. Et devant ce qu'elle permet de surhumain, par désintérêt de soi, l'hommage de l'humaniste ne s'impose pas moins que le hoquet de dégoût devant ce qu'elle s'autorise d'inhumain.

Quelque parti qu'on prenne, d'en pleurer ou de lui sourire, le trouble rétinien ne s'améliore pas. Notre incapacité à accommoder sur l'effectif sans le coiffer d'un possible, à appréhender un premier plan sans un lointain, un bas sans un haut, une forme apparente sans une force occulte derrière ou par-dessous, – nous sommes déjà assez avancés en millénaires et comparativement informés pour inférer qu'elle a été, est, et sera vraisemblablement commune à toutes les figures de civilisation et à tous les stades de développement. Le sauvage et le civilisé, l'habitant de Bagdad et celui de New York, le chiite, le chrétien et l'athée l'ont en partage. Les révolutions néolithique, industrielle et aujourd'hui informatique renouvellent notre prise sur les choses, mais on ne voit pas que nous en ayons une sur un décalage qui semble bien congénital. De cette tendance irrépressible à faire ployer toute présence sous une représentation, et notre être même à une raison d'être impalpable, mais qui lui donne en retour un certain caractère de nécessité – on appelle cela : « donner un sens à sa vie » –, l'humanité ne se guérira pas à échéance prévisible. Pour l'hiatus entre notre éprouvé et notre imaginé, entre factuel et virtuel, son avenir ressemblera à son passé. La plus déraisonnable – et à terme décourageante – des illusions (à laquelle Freud et Marx n'auront pas peu contribué, avec des arguments d'inégale valeur mais également optimistes), est sans doute celle-ci : espérer que l'homme puisse vivre un jour sans illusion.

Qui refuse personnellement de « s'incliner devant les idoles ou d'adorer un prétendu ordre surnaturel » n'échappe pas socialement au chevillage symbolique. Notre Dieu créateur en reste le plus illustre fleuron, mais il en a beaucoup d'autres à son blason, tel l'âge d'or englouti (hier on rasait gratis), ou le règne imminent de la Justice, passé le dernier quart d'heure (demain, le Droit et la Paix). Avec le mirage du Progrès rédempteur, théologie laïcisée, la verticale s'était couchée sur l'horizon, en prenant la forme radieuse de l'Avenir, et voilà qu'elle reprend sa position première, l'axe du Ciel (sauf dans le petit cap déclinant de l'Asie). Un agnostique peut prendre acte du recyclage en cours sans payer tribut à la Vierge Marie ou au Coran incréé. Des esprits coléreux et intraitables crient sur les toits leur haine du phénomène religieux : grand bien nous fasse. Les motifs ne manquent pas non plus de haïr la loi de la gravité (suicides par défenestration, chutes dans l'escalier, jambes de plomb à six heures du soir, sans compter les catastrophes aériennes et autres). Mais un homme avisé de la pesanteur en vaut deux. Et il est indéniable que la symbolisation du donné comme la gravitation des corps ne s'appliquent pas indifféremment et de même façon à qui se jette la tête la première du vingtième étage et à qui s'est muni auparavant d'un parachute. Notre défaut de fabrication est irréparable, mais, faute de pouvoir atteindre à l'apesanteur complète, on se soigne. Nous avons inventé des antidotes pour parer aux tragédies de la crédulité et abaisser le taux de prélèvement symbolique obligatoire. Le premier est intellectuel : c'est la science, qui, depuis deux mille cinq cents ans, nous fournit en réel sans valeur ajoutée. En nous dépouillant de nos complaisantes fantaisies, elle accroît sans relâche, mais non sans douleur, nos marges de liberté par rapport au tropisme qui nous arrache compulsivement à l'actuel et à l'effectif. Le deuxième est politique, c'est la laïcité, depuis un siècle ou deux. Cet ouvrage défensif, ô combien précieux, sauvegarde dans l'État un noyau d'indifférence aux symboles et à l'imaginaire, en neutralisant le mieux possible leurs effets dévastateurs sur la liberté des consciences et la cohabitation des différences. Ces deux poumons, principe de savoir et dispositif de laïcité, sauvent nos contemporains les mieux lotis du surnaturel à front de taureau. Mais ne nous leurrons pas : si le droit à une connaissance adéquate des choses, y compris les sociales et les économiques, et le découplage entre citoyenneté et confession, droit et croyance ne sont pas négociables, il serait imprudent d'en attendre qu'elles puissent délester nos sociétés minireligieuses et pluriculturelles de l'inéliminable grain de folie déposé dans leurs monuments, le préambule de leur Constitution ou leurs manuels scolaires. Ce que masque, au fond, l'aveuglante formule wébérienne, « le désenchantement du monde », c'est le fait que tout désenchantement d'un domaine d'investissement symbolique, comme aujourd'hui la politique et ses utopies, suscite le réenchantement d'un autre, en l'occurrence la culture et ses identités. Voire l'art et ses créateurs. Après saint Vincent de Paul, saint Van Gogh et saint Antonin Artaud. La puissance d'irréalisation qui prête une parole à ce qui n'a rien à dire fait du réel un reste, une déception, un faux-semblant. Il serait risqué de s'imaginer que cette mythomanie générique puisse disparaître avec la « vieille chanson qui l'a longtemps bercée » – pour reprendre les mots chanteurs de Jaurès. Notre répertoire a de la ressource, et quand le rideau tombe sur un oratorio, il a tôt fait de se relever sur une opérette.

Conférer une existence en soi à ce qui n'existe que pour nous est un geste excusable, tant il serait paradoxal, et en un sens humiliant pour l'esprit, de se reconnaître obligé par rien... d'autre que ses forgeries propres. L'acte de transcender la réalité matérielle est un mouvement involontaire spontanément porté à réifier son point de visée. La transcendance ne sera plus alors un élan mais un Être : une personne divine, une Cause première ou une Surnature. Substantifier en « grand Autre » les fictions motrices qui donnent du souffle au marcheur, mais n'existeraient pas sans nos neurones, est l'inclination naturelle de quiconque se sent un peu perdu face à la voûte étoilée. Seule la pensée critique, parce qu'elle est contre nature, peut suivre cette pente en la remontant jusqu'à sa source : nous. Ovide avait déjà remarqué que dès sa naissance, « tandis que les autres animaux courbent la tête et regardent la terre, l'homme éleva un front noble et porta ses regards vers le ciel ». De là à conclure que le ciel nous observe, que quelqu'Un nous rend la pareille de là-haut, il y a un pas. Le sauter ou non distinguera l'exaltation mystique d'une condition symbolique sobrement assumée. La mise en signification de la réalité visible, avons-nous vu, exige ou produit à la fois son dépassement et sa diminution. Que donc « l'homme passe infiniment l'homme », leitmotiv pascalien infiniment repris, cela relève d'un constat de bon sens, que peuvent admettre, quand il lui arrive de déposer des chrysanthèmes sur une tombe, le président de l'Union rationaliste tout comme celui de la conférence épiscopale. Ce rond-point passé, il y a bifurcation. Sur la route de la foi, derrière le sens, il y a encore un Sens.

C'est l'Esprit, le divin, ou le Père Éternel. En ce cas, la fonction symbolique apparaîtra comme l'organe d'une Providence avisée, le moyen d'un plan de salut, disons : l'hameçon de Dieu, le pêcheur d'hommes, qu'Il aurait laissé flotter dès la première aube entre Adam et Ève pour pouvoir, après la Chute, les ramener incessamment à Lui. Pour un esprit laissé à ses seules forces, sans le secours d'une main divine, cette fonction n'est qu'une ruse de la vie pour nous sauver de la mélancolie. Le Sens du sens n'existe pas : c'est l'espèce qui construit ce no man's land, cet au-delà breveté sous le nom de Dieu mais fabriqué à domicile. Le Sens ne précède pas l'espèce humaine et ne lui survivra pas. En d'autres termes, certaines choses ne sont pas séparées parce qu'elles sont sacrées depuis le commencement du monde ; elles sont sacrées parce que nous les mettons à part, en lieu et heure. Dans le premier cas, l'homme habite le sacré – que celui-ci prenne la forme d'un Dieu personnel, d'un absolu suprapersonnel, d'un ordre cosmique ou d'un souffle d'énergie. Dans le second, le sacré habite en nous et par nous. Il nous aide à vivre mais il porte nos couleurs. Il répond à un besoin, et c'est nous qui maintenons nos divinités en vie par nos rites et nos prières. Yahvé a aidé les juifs à survivre depuis trois mille ans, mais si ces derniers n'avaient mis constamment en pratique le *zakhor ve-shamor*, « souviens-toi et sois le gardien de ce dont tu te souviens », ce Dieu Jaloux aurait disparu avec le deuxième Temple, et il serait aussi mort que le sont aujourd'hui Jupiter, Thor ou Dionysos. Pour une conscience religieuse, si une catastrophe géologique, climatique ou épidémique venait à dépeupler totalement la planète de ses animaux, n'y laissant que les insectes, l'En-Haut aurait encore du travail devant lui. Tout serait à refaire, mais rien ne serait fini. Pour une conscience non soulevée par la grâce, au contraire, le divin retournerait au néant au même instant, avec le dernier *sapiens sapiens* usant sa dernière goutte de pétrole pour cuire son dernier rat. Avant et après l'homme, il n'y avait et il n'y aura rien sur notre étoile éteinte – que de l'eau, des cailloux et des nuages, et plus même de mots pour leur conférer une quelconque existence.

7

Le choix des mots et ses enjeux

Nous pouvons maintenant, sinon classer, du moins tenter de répartir sur une échelle de sens et de gravité les termes trop souvent amalgamés de sacré, religieux, spirituel et croyant. L'exercice implique une remise en ordre d'un certain laxisme, propre à amortir les mauvaises surprises qu'inflige à notre culture éprise de jamais-vu les news de ce matin où le retour du déjà-vu ressemble de plus en plus à un retour de flamme. Nos distinguos sembleront hélas oiseux aux esprits pragmatiques et pressés. Dommage. Ils auraient pu leur faire gagner du temps dans cette tâche chaque jour à recommencer (et sans doute interminable, voire impossible) : devenir contemporain de notre présent.

Dans la nuit de l'à-peu-près où toutes les vaches sont aussi grises que sacrées, nos pavillons de complaisance confondent l'épiphénomène et la structure, disons : le bref et le long.

Témoin cet introït à un dialogue entre deux éminents philosophes français sur « le religieux après la religion » : « Vivons-nous la mort de Dieu, ou, au contraire, le retour du religieux ? La question n'en finit pas de se poser[1]. » C'est en effet le destin des questions mal posées. Que penserions-nous de : « Vivons-nous la mort du tricycle, ou, au contraire, le retour de la mobilité ? » Qu'il y a d'autres moyens de transport que le triporteur... Les religions sans Dieu majuscule mobilisent plus d'êtres humains que nos trois monothéismes enchaînés le long d'un même millénaire[2]. Et la mort annoncée du Dieu d'Abraham, si elle était avérée, ne ferait qu'une péripétie parmi d'autres, un rebond dans une course sans fin. Les communions par transcendance existaient bien avant sa toute récente apparition (– 600 avant J.-C.).

---

1. Luc Ferry et Marcel Gauchet, *Le Religieux après la religion*, introduction par Éric Deschavanne et Pierre-Henri Tavoillot, Grasset, 2004.

2. Voir, de Jean Lambert, *Le Dieu distribué, une anthropologie comparée des monothéismes* (Cerf, 1995), où il est montré comment les trois maillons monothéistes d'une même chaîne culturelle forment système par le jeu de leurs différences. Dans le cadre de la trifonction indo-européenne, que l'auteur, non sans quelque audace, retrouve en filigrane sous les religions abrahamiques, il ne pouvait ou ne pourra y en avoir quatre.

Elles survivront sans peine au Dieu unique et révélé, mais sans diminuer le bruit et la fureur.

Pour habiller nos desiderata en déductions, nous, modernes, amalgamons fréquemment des strates de réalité qui ont chacune leur plan de consistance, en rabattant un étage sur un autre : les clercs opérationnels en démocratie d'opinion, à savoir les journalistes, qui montent la garde autour du sacré social, n'appartiennent à aucune Église. Ils se moquent à l'ordinaire des Écritures saintes, et la notion même de sacré les fait sourire. De même voyons-nous la fin d'une période d'hégémonie de l'Église catholique en France, en Espagne, au Québec et dans quelques autres lieux de l'hémisphère Nord, tournant le dos à la logique des communions, inspirer des conclusions aventureuses à ceux qui confondent religion et sacralité. Ce n'est pas parce qu'un État est sécularisé, c'est-à-dire soustrait à la juridiction et au contrôle d'une institution ecclésiastique, que la société dont cet État est l'expression pourra se soustraire aux contraintes symbolisantes qui permettent de synthétiser une foule. Sauf à confondre symbolique et confessionnel, un mécanisme ancré dans la force des choses avec un principe dérivé de telle ou telle emprise ecclésiale. « L'élément transcendant » n'est pas propre à la transe collective, mais à la formation de n'importe quel groupe durable et circonscrit, et ce n'est pas parce qu'on s'est dégagé, avec la laïcité, de l'étreinte d'une religion révélée qu'on est entré dans une ère (et une aire) d'auto-institution et de souveraine immanence. Nous ne cédons que trop, avec ces chants de victoire prétendument progressistes, même s'ils donnent le *la* à l'Université et au journalisme (pour une fois d'accord), à l'illusion optique du nez sur la vitre : *prendre la figure pour le fond*. Comme si le conditionné emportait la condition. « Je ne crois plus en Dieu, donc, vous voyez, la croyance, c'est historiquement fini. » « Les églises se vident dans ma ville, donc, nous le constatons, l'humanité a tourné la page du sacré. » On aligne ainsi le sort d'une *trame anthropologique* (l'incomplétude) sur celui d'un *motif de circonstance* (tel ou tel dieu, dogme ou culte). Aussi, pour retrouver le constitutif sous et derrière l'évolutif, doit-on derechef remonter des dispositifs à la disposition, sans confondre le sort fait à une *offre religieuse particulière* avec *la demande tous azimuts d'un minimum de sacralité*.

Procédons par étapes, en repartant du point de départ qu'on pourrait baptiser *l'impossible réel*, soit notre banal voir-double comme « agent démêlant ». Fictionner le matériel n'est pas l'apanage d'un état morbide. Ni même d'un sentiment mystique particulièrement intense. Point besoin de convoquer ici sainte Thérèse ou Jeanne d'Arc. Encore moins la parapsychologie et les sciences occultes. Suscitant, avec un lancinant sentiment de frustration, de scandale ou de disgrâce, l'espérance en un mieux ou un plus, la symbolisation du sensible creuse un écart entre deux niveaux de réalité : le premier, provisoire mais tangible et patent, et un second, réelissime mais latent ou fuyant. L'intervalle entre les réels de premier et deuxième choix varie au fils des temps. Platon dit quelque part que, pour savoir où on est en politique, il faut savoir à quelle distance on se trouve du divin. Le monde du bas peut être enchâssé dans celui du haut – c'est la période légendaire des harmonies pour nous perdues : l'encastrement de la nature dans le surnaturel. C'est encore celui où vivent l'hindou, l'Africain dit animiste et de nombreux Chinois, pour qui il n'y a pas solution de continuité entre l'invisible et le visible (les ancêtres, les esprits, les forces sont là, parmi nous). Un décrochage s'est opéré, en Occident, à l'âge classique : le ciel était encore assez proche de la terre pour la mettre sous tension (péché, pénitence et salut), mais assez éloigné pour permettre l'essor d'un savoir et d'une gouvernance profanes. Quelque dimension qu'ait l'entre-deux, ça disjoncte toujours, entre le fait et la valeur. D'où notre persistant casse-tête : cette distance, ce dénivelé pour nous accusateur, comment les franchir – ou s'en affranchir ? N'est-ce pas là le programme commun aux divers cultes d'Orient et d'Occident : aggraver la dichotomie, pour pouvoir la surmonter ? *Séparer* d'abord pour *réparer* ensuite ? Apprenons de nos prêtres, rabbins, imams, bonzes et brahmanes que la terre n'est pas (encore) le ciel, que le temps n'est pas (encore) l'éternité, que le voile de la Maya n'est pas (encore) la réalité. Et cherchons dans l'aujourd'hui les traces de l'avant-hier et du surlendemain. Paradoxe des prédications religieuses : le divorce est surligné d'une main, tandis que l'autre promet les retrouvailles. La vraie vie est ailleurs ? – Oui, mais faites-moi confiance : j'ai dans ma besace les clés de la porte étroite.

Même une culture aussi immanentiste et « holiste » que la chinoise n'échappe pas à la fatalité de ce dédoublement. L'unité du cosmos chinois repose sur la polarité des termes qui le composent, le ciel et la terre, le *yin* et le *yang*. « Le ciel est en haut, la terre est en bas », dit une phrase laconique du *Yijing*, le *Livre des mutations*. Cette culture plus matérialiste que beaucoup d'autres ne conçoit pas l'extériorité radicale d'un Dieu créateur.

Mais le plan du Ciel, le sans fond ni fin d'où émanent la vie et la société elle-même, demeure farouchement distinct du plan de la terre. Le souffle matériel qui nous anime renvoie à une cause efficiente (le Tao, l'Un, le Souffle primordial) qui lui est immanente sans être tout à fait de ce monde. Même si l'agir du sage confucéen épouse le cours des choses et s'en veut la simple émanation, la force qui informe et transforme les êtres postule une solution de continuité qu'il incombe précisément au sage de surmonter. L'union des contraires est le but, mais l'élan vers la conjonction suppose une disjonction en tremplin.

L'antidépresseur pouvant également déprimer, ambivalent est le porte-à-faux du monde effectif par rapport à ce qu'il devrait ou aurait pu être. Cette déhiscence peut générer, avec la notion de péché, ou de faute, angoisse et culpabilité, c'est le cas en Occident : je suis infidèle, je n'y arriverai pas, je manque à tous mes devoirs, comment écrire ou penser après Auschwitz ? Elle peut aussi susciter des élans de joie et une sensation d'accomplissement, quand je parviens à rétablir la relation affective ou intellectuelle avec ce qui me dépasse. C'est le cas en Asie, où la notion de péché est remplacée par celle, moins culpabilisante, d'ignorance. La Chine, qui se passe de paradis (comme elle ignore l'âme et la foi), ne s'encombre pas non plus d'un enfer.

L'insubmersible dichotomie impose en permanence une gestion au jour le jour de la déchirure, tâche redoutable parce que jamais couronnée d'un franc succès et confiée par le pékin à un corps d'intercesseurs spécialisés. Ce sont nos clercs, les imprésarios de l'irréel. Ceux-là savent déceler la vérité invisible que recèle la fausse, l'ostensible. Ils sont habilités à extraire le sens suprême de sa gangue chiffrée : faire parler la carapace de tortue, le vent dans les arbres, les mots jadis dictés par Dieu, les sous-entendus du fondateur d'hier. Car l'outre-monde peut nous donner sa bénédiction mais aussi nous faire sentir son courroux. Il faudra soit canaliser ses grâces, soit tempérer ses foudres. Pratiquant par avance la téléportation de *Star Trek*, le chaman sibérien fait personnellement et nerveusement l'aller-retour entre les deux étages, pour retrouver l'âme d'un malade ou d'un défunt traînant dans le monde invisible des esprits. Le commissaire politique de Pékin et Moscou assurait la navette, par ses aptitudes non plus physiques mais discursives, entre la société sans classes de demain, à laquelle son savoir dialectique lui donnait un accès anticipé, et la société de saboteurs et de traîtres où, en attendant la transition au communisme, ahanaient des masses scientifiquement retardataires. Comme un directeur de l'opinion unanimement respecté, guide spirituel au petit pied, fait avec ses éditoriaux le voyage régulier entre l'actu et les valeurs de Justice et de Vérité dont il a plus que d'autres la garde, pour censurer les dits et faits des ministres de passage. C'est délibérément que nous comparons des donneurs de légitimité incomparables, à partir d'une fonction pérenne. Le va-et-vient entre notre théâtre d'ombres et le fond des choses qui n'ont pas de fond, est l'exaltante fatigue dévolue au sacerdoce, en cravate ou col romain. Maintes corporations peuvent la prendre en charge (sorciers, prêtres, magistrats, savants, commissaires, intellectuels, éditoralistes).

L'hiatus entre le manifeste et l'inaccessible peut causer autant de souffrances psychologiques qu'il offre d'occasions thérapeutiques. Les prières censées agir sur les forces invisibles, les offrandes, les sacrifices pour les amadouer, les exorcismes pour les chasser, les sacrements et consécrations pour se les approprier, les rêves pour les devancer ou deviner, représentent autant de passerelles jetées entre le mystère et nous. Les saints ont la ligne directe, mais ils sont dangereusement proches du sorcier. Les officiants réguliers qui nous aident à passer sur l'autre rive vont du roi thaumaturge en son palais qui guérissait les écrouelles jusqu'au psy du coin de la rue auquel nous demandons de chasser nos démons. Sans exiger d'eux la sainteté.

Ce qui persiste d'un régime de croyance, d'une thérapeutique à l'autre, c'est le sentiment que nos affaires ne sont pas ce qu'elles doivent être, et qu'il y a de la route à faire pour les porter à la hauteur convenable. D'où la métaphore universelle du chemin, commune à l'Orient et à l'Occident (« Je suis la Voie, la Vérité, la Vie »). La guérison suppose un parcours intérieur, comme le salut, un cheminement. Et, en droit rabbinique, *halaka* désigne la marche, la voie à suivre, ce qui est aussi enseigné par la Torah. Physique et mental, le pèlerinage remédie à l'insuffisance par l'itinérance, où la marche vient en quelque sorte réparer la chute. L'homme à l'état brut est un *moins* : un ange déchu, une proie de la souffrance et du désir, une conscience aliénée. Il ne fera son plein d'essence qu'en redevenant égal à sa vocation : sauvé, dissous dans le nirvana, ou retrempé dans le fleuve Humanité. Il fera chemin vers sa destinée en « usant du monde comme n'en usant pas » (saint Paul), en se détachant du trompe-l'œil qui l'environne, en levant le voile de la Maya pour mettre à nu cette illusion pitoyable, la réalité.

Ainsi du renonçant hindou cherchant l'illumination au fond de la forêt ; ainsi du bouddhiste appelé à devenir Bouddha en faisant disparaître son ego par fusion avec l'Un primordial ; ainsi du pécheur chrétien, qui se réconciliera in extremis avec Dieu après avoir fait l'expérience, tout au long de sa vie, de sa propre misère. Qu'il soit à anéantir, comme le recommandent les communions hindouiste et bouddhiste, ou à reconstruire, comme y incitent les chrétiens *born again*, l'homme tel qu'il est demeure en délicatesse avec celui qu'il doit et peut devenir, s'il fait ce qui est à faire.

Fort de cette perpétuelle remise d'accomplissement à plus tard ou à plus tôt, se dressera un édifice symbolique à plusieurs étages : individuel, communautaire, social et générique.

1) *La spiritualité*, de *spiritus*, le souffle vital. Le sentiment que ce que nous sommes n'est pas à la hauteur de ce que nous devons et pourrions être a son *expression individuelle* dans la quête *inspirée*. Celle-ci fait vivre au singulier, comme un tressaillement plus qu'une adhésion, l'effort de rejointoiement que les religions établies – c'est leur générosité – aménagent à plus grande échelle.

Spirituel a bonne presse. C'est un mot noble

et anoblissant. Il vaporise les doctrines religieuses, et légitime les antireligieuses euphémisées en « options spirituelles ». L'échappatoire est opportune, car elle permet d'englober dans une même bienséance les frères ennemis que sont fidèles et libres penseurs. Il est bon de se déclarer antireligieux, il serait fâcheux de se déclarer antispirituel. Son caractère d'électron libre, hors cadre et hors piste, assure au « courant spirituel », sous nos latitudes, un fort capital de sympathie. Il est *indépendant* (des appareils ecclésiaux), *authentique* (pas de simagrées ni de conformismes), *personnel* (sans formatage doctrinal). Tout pour plaire. Le revers de « l'option » ou de « la famille » spirituelle, c'est que la méditation privée comme la compassion à usage intime ne travaillent pas sur le tas. Rare, le spirituel qui met la main à la pâte. Il y a un Secours catholique, un autre, populaire, des Missions protestantes et un Fonds social juif unifié. Il ne semble pas que les « mouvements de pensée » aient le même souci d'organisation collective ou donnent la même importance à leurs activités caritatives ou à leurs organes de propagande (radio, presse, télé). Par quoi la mouvance (spirituelle) s'oppose à la charpente (religieuse). Les spiritualités qui envoûtent les âmes n'ont pas la valeur ordonnatrice des communions.

Même si l'Himalaya et l'Orient extrême occupent une place miroitante, voire fantasmatique, sur le marché mondialisé des sciences du bonheur où tout n'est pas que pacotille, les rappels historiques et géographiques n'y sont pas les bienvenus. Il y a un *Atlas des religions* – il coupe l'Ukraine en deux –, il n'y a pas de géopolitique des spiritualités. Les techniques de méditation peuvent se pratiquer « en suisse », n'importe où et sans contraintes d'incorporation. Parce qu'il englobe le cosmos et le corps – « se soigner soi-même », « être bien avec soi-même », « se faire du bien », etc. –, cet égotisme décanté, qui préfère parfois la quête de l'être à celle de l'autre, sied au souci de soi contemporain. Le virtuel aidant, on peut piocher dans des stocks de sagesse immémoriale, réveiller médecines traditionnelles et pacifications du corps (yoga, tai-chi, arts martiaux). Ils arrivent dans notre vallée de larmes, où le désir fait une impasse, épurés par la distance de toute dogmatique autoritaire et abstraits de la langue sacrée qui leur a servi de berceau. Un courant spirituel a ses traces de sang ; et aujourd'hui même les bonzes bouddhistes au Sri-Lanka ou dans le sud de la Thaïlande se battent dans les rizières armes en main. Mais chez nous, en régime minceur, le goût des communions allégées trouvera dans l'évaporation des sources une garantie de profondeur (« la vérité est un pays sans chemin »). Le bouddhisme, qui se passe d'ontologie et intériorise la compassion, surtout celui du Petit Véhicule, sied à notre individualisme pragmatique. Autant l'Occident aime à délester l'islam de ses dimensions d'intériorité mystique, autant il aime à soulager les mystiques orientales de leurs dimensions guerrières, nationalitaires et « communalistes ». Le désamour des corsets institutionnels, le culte du corps, le plaisir du dépaysement, l'allergie aux disciplines, recentrent l'Occidental sur son accomplissement intime. D'où la part belle faite à ce qu'on pourrait appeler le tourisme spirituel comme stade narcissique du besoin de communion. À côté de véritables décentrements intellectuels et moraux, qui aèrent notre renfermé national, on ne peut nier que maintes recherches de l'« élixir suprême » côtoient le « psycho-pop » et les « patamédecines », dans un mélange parfois émouvant de gravité gymnastique, de spéculations magico-cosmiques et d'affairement diététique.

Faut-il dire alors du spirituel que c'est du religieux moins les inconvénients (les interdits, les articles de foi, les commandements et astreintes) ? Les rayons moins les ombres ? Cette vision quelque peu cynique d'une évanescence par opportunisme mérite d'être corrigée. Sous l'intitulé « Vérité religieuse et mensonge spirituel », nous avons, dans *Le Feu sacré*, placé en chiens de faïence, côté jardin, la spiritualité comme l'union de l'âme à Dieu – « cette pauvre petite pute d'âme », comme disait Luther –, et, côté cour, le religieux comme l'union d'un sujet à un corps de rattachement[1]. Il est vrai que la quête spirituelle réduite à ses acquêts thérapeutiques est apaisée et pacifiante puisque, n'ayant pas charge identitaire, elle n'a pas à tenir la frontière, à monter la garde face aux identités adverses (moines bouddhistes et maîtres zen ont servi en leur temps le très cruel militarisme japonais). Il est clair cependant qu'il existe un continuum entre les deux pôles. La sensation d'insuffisance fichée au cœur de l'homme précaire permet un dialogue suivi entre l'âme privée et l'esprit de corps. Sans doute peut-il y avoir spiritualité sans religion, comme il y a des religions sans spiritualité (c'est souvent le cas des religions civiles imposées d'en haut). Mais si les constructions du *nous* et du *moi* peuvent divorcer, comme aujourd'hui dans nos sociétés irréligieuses et moralisantes, elles peuvent aussi s'entendre – aux deux sens du mot, le dogme faisant écho

1. Régis Debray, *Le Feu sacré, fonctions du religieux*, Fayard, 2003, p. 27.

à l'expérience, relayés qu'ils sont par une même longueur d'onde, l'impatience symbolique.

2) *Les religions.* Notre besoin d'outrepasser l'horizon qui nous barre s'exprime, au palier de l'agir collectif, par ce que nous aimerions nommer communions plutôt que religions. Celles-ci sont à la spiritualité ce que les styles sont à une grammaire, les romans, à l'imagination, ou la grimace, à la douleur : une incarnation. Leur rôle propre, qui est de transmuer un inconnu en prochain, et une succession en tradition, nous fait quitter l'orbite individuelle des sagesses et des psychologies. Le bonheur est privatif, mais communiante est la joie, et nous ne sommes pas vraiment joyeux quand nous sommes seuls à l'être. En nous élevant du spirituel au religieux, nous passons du solitaire au solidaire, dira l'euphorique. Un hypocondriaque rectifiera : ainsi que de l'égoïsme tout court à l'égoïsme de groupe. Hors de notre Arche, point de salut : la formule n'est pas propriété chrétienne.

En conférant des traits singuliers à un pressentiment vague, comme fait le timbre d'une parole à une idée abstraite, une doctrine religieuse donne figure à l'incomplétude, via des emblèmes, des récits et des habitudes. Ces marquages font un climat, tout arbitraires qu'ils soient. La métamorphose d'une croyance en credo vaut racornissement, puisque *omnis determinatio est negatio*. Mais c'est le mérite des cultes institués, comme nous l'avons vu, que d'encadrer le rêve, sans quoi ils ne serviraient pas de creusets identitaires, permanentes machines à intégrer et donc à différencier (pas d'identification sans confrontation). La relation polémique au judaïsme fut fondatrice pour les chrétiens, comme l'hostilité aux idolâtres et aux Grecs l'avait été pour le judaïsme, comme la résistance aux musulmans est fondatrice de l'hindouisme moderne. D'un point de vue spirituel, on parlera alors d'échec par dégradation du mystique en politique ou arraisonnement bureaucratique du charisme. Sous l'angle organisation ou recrutement, en revanche, fécond est l'étroit balisage du chemin. Loin de rebuter, cet aspect routinier permet la reconstruction identitaire. C'est une bouée de sauvetage. Signes vestimentaires, jeûnes rituels et interdits alimentaires constituent des signes de reconnaissance mutuelle à valeur de frontières. Les identités orphelines ne le restent jamais longtemps. Les immigrés d'origine arabe ou turque ne veulent pas, en Europe, se mettre à part parce qu'ils sont musulmans, ils ne boivent pas d'alcool et observent le ramadan parce que leur pays d'accueil ne leur donne pas une identité de substitution.

Tatouage civilisationnel, une mémoire religieuse, au contraire du self-service spirituel, est un héritage qui peut se passer de testament, et donc d'acte notarié. Il est dans sa nature de conférer une identité sans préavis et d'afficher une provenance sans délibération préalable. On ne devient pas hindou, bambara ou dogon en cochant une case, l'âge de raison venu, sur une liste d'options spirituelles. On l'est de naissance – et le rite de passage africain qui le confirmera à l'adolescence dans le cadre de la tribu est obligatoire. Quand un douanier israélien vous demande à l'aéroport de Tel-Aviv « Quelle est votre religion ? », il n'a cure de vos états d'âme ou de vos convictions intimes, il vous demande à quelle ethnie vous appartenez, quel jour vous chômez et à quelle instance, en cas de coup dur, ira votre loyauté. Quand un voisin de table en Inde vous demande pour nouer conversation : « Quel est votre dieu ? » (avec le même naturel que nous Européens demandons à un convive inconnu : « Quel métier faites-vous ? », ou un Américain : « Combien gagnez-vous ? »), c'est pour lui une façon courtoise de vous demander de quel pays, de quel milieu vous provenez. Ancêtres, patronyme et ancrage d'abord.

Par quoi ces non-philosophes contribuent valeureusement à une bonne philosophie (des communions existantes et possibles).

3) *Le sacré.* Contrepartie d'une existence organisée, la *sacralité* du point de ralliement paraît inéliminable. D'où il découle qu'il est (physiquement) interdit à une communauté de ne pas (moralement) interdire, et donc de restreindre (juridiquement) les libertés. Là où il y a du commun, il y a du qui-dépasse, et là où il n'y en a plus, il n'y a plus solidarité, unité et identité mais grouillement de souvenirs, d'avidités, de jalousies, d'intérêts, ou au mieux juxtaposition passive de réflexes catégoriels. On pourrait opposer à cet égard la nation américaine, où le déisme confédéral neutralise l'éclatement ethnique, social et racial, et la société française, morcelée en bateliers, agriculteurs, marins-pêcheurs, chercheurs-enseignants, percepteurs, camionneurs, etc., par épuisement de la foi républicaine. Quelle que soit sa taille, une communion suppose une convention, soit la participation à un mythe historique qui garantit l'intégrité et la permanence du groupe qui se reconnaît en lui. Sera du même coup délimité un domaine de sacralité où nul ne pourra, sans dommages sérieux pour le violeur, dire et faire n'importe quoi. Cette zone de l'esprit public hautement

électrifiée, et souvent barbelée, ne traduit pas un quelconque branchement sur un mystère donné de toute éternité. Même si un pic neigeux fera toujours un meilleur candidat qu'une poubelle rouillée, n'importe quoi, n'importe qui, peut faire l'objet d'une fixation sacralisante : vallée ou buisson, homme, ibis, python ou louve, pierre levée, boule de gui ou croix de Lorraine. C'est selon. La mesure d'exhaussement, quoique non planifiable et spontanée, opère à la carte et au coup par coup.

Précisons ce point. Le mystagogue Mircea Eliade fait du sacré le réel par excellence, la réalité ultime des choses. Objet d'incantations litaniques, ce noyau de nuit échappe aux yeux du célèbre Roumain à l'orbite humaine. Sa définition est chez lui un cercle. Qu'est-ce que le sacré ? Une force primordiale qui se manifeste dans des hiérophanies. Qu'est-ce qu'une hiérophanie ? Une manifestation du sacré primordial. Comme ce n'est pas à nos yeux un substantif, encore moins une chose en soi et autosubsistante, nous préférons le terme atténuant de *sacralité*, mais sans nous contenter du bénin « valeurs communes ». La valeur ne fait pas norme, et encore moins loi : cette notion polie et pudique n'implique pas d'interdit – comme celle de sacralité, qui s'avoue peu, mais travaille dur. Le « Tout-Autre » :

rançon d'un acte d'unification, contre-effet d'une cristallisation communautaire. Ce n'est pas l'émanation d'un insondable, ni une méta-théologie, ni une somme d'archétypes dont le dessin, ou morphologie, nous restituerait un *Homo religiosus* en souffrance d'un trône perdu, tel un Olympe immuable et délabré que l'homme industriel aurait à charge de restaurer. S'il y a un invariant de la sacralisation – schéma d'organisation a priori relevant, en termes kantiens, d'un schématisme transcendantal des agglomérations humaines, il y a du contingent dans une sacralité qui ne l'est pas en soi mais pour tel ou tel groupe. N'est éternel que notre besoin d'une intouchable pierre de touche. Chaque sacralité renvoie à une communauté, mais chaque communauté constitue son sacré en fonction de ses carences et de ses urgences. Ce qui ne semble pas changer, modernité ou pas, c'est l'adossement du présent vécu à une tradition légitimante et sublimée, lequel procédera, sinon toujours d'un abus, du moins d'un travail de mémoire.

Les religions n'ont pas le monopole de l'administration du sacré. Ce dernier peut fort bien nourrir des communions et des émotions civiques, morales, artistiques, où le divin n'a pas de part. Dieu n'est pas à Auschwitz et son absence ne fait pas peu pour la sacralisation du lieu. Nul besoin d'aller à la messe ou au temple pour éprouver l'émotion d'un temps et d'un espace situés hors temps et hors espace. De même, sacralité et laïcité ne s'excluent-elles pas : quand une société se déconfessionnalise, elle troque un trou fondateur contre un autre. C'est pourquoi il semble optimiste mais hélas lénifiant de présenter la laïcité pluraliste comme « la problématique permanente, le questionnement ininterrompu » (Edgar Morin). Chacun a appris ou apprendra à ses frais qu'il y a, dans nos libres sociétés aussi, des choses à ne pas questionner ou des problèmes à ne pas soulever. Aujourd'hui et dans nos pays, les églises chrétiennes sont des lieux canoniquement consacrés mais socialement déconsacrés, comme le sont les religieux eux-mêmes. Brocarder le pape, se moquer du curé, barioler un crucifix, mettre des seins et du rouge à lèvres au Christ n'est pas seulement autorisé mais pour ainsi dire bienséant. Rien là de sacrilège, et le blasphème contre le nom de Dieu a disparu du Code civil. En revanche, le couperet tombera spontanément et heureusement sur qui parlera de la Shoah, crime sans pareil, comme d'un génocide entre plusieurs autres, évoquera l'inégalité des races ou l'infériorité de la femme, ou encore l'homosexualité comme péché. Ces propos – discriminatoires, scandaleux, rédhibitoires, honteux – tombent sous le coup de la loi, de plusieurs lois, et toujours plus sévères ; et quand bien même les tribunaux s'abstiendraient, ils frapperaient le fautif d'une mort morale et sociale. Notre texte sacré n'est plus la Révélation divine mais la Déclaration des droits de l'homme. La démocratie représentative nous est taboue. Il serait puéril de s'imaginer qu'elle le restera *ad vitam æternam*. Il faut beaucoup moins de temps pour remplacer un tabou que pour l'abattre (puisque la contrainte symbolique interdit de ne pas interdire).

Toute sacralité émergente suscite son culte et ses rassemblements, avec ses lectures obligatoires à l'école, ses cérémonials, ses profanateurs et ses pélerinages, mais la théologie n'est pas plus indispensable à une piété collective qu'un uniforme militaire à une cérémonie patriotique. On l'a vu en France : la désuétude d'un sacré officiel active une sacralité vicariante, et quand le lieutenant de Dieu sur terre s'en est allé, avec la royauté de droit divin, les lieutenants de la déesse Raison, en 1793, ont aussitôt pris le relais. Le monde contemporain a lui aussi connu ce jeu de bascule. Quand les églises se sont vidées, les musées se sont remplis, et sacralisés. Ce sont, paraît-il, les juifs les plus détachés de la pratique traditionnelle qui ont recueilli le plus scrupuleusement les archives de la Shoah. La communion des non-religieux a renouvelé la mémoire collective, avec ses prières spéciales, sa Journée annuelle (en Israël, depuis 1957), et ses grands médiateurs, dotés d'une aura proprement sacrale (que sont les ultimes survivants, rescapés de l'indicible et à ce titre dépositaires de la fidélité et porte-parole des disparus). Dans les enceintes chrétiennes, on voit à présent comment le délavement des ors et pourpres du clergé suscite un regain de ferveurs et de convivialités ostentatoires – avec la foi démonstrative et quasi publicitaire du Renouveau charismatique et des protestants évangéliques (un tiers déjà de la population guatémaltèque). Au Japon, le repli des « religions de la tradition », comme le bouddhisme et le shinto, liées au monde familial et rural, a provoqué l'essor, chez les jeunes citadins, de « nouvelles religions », à la fois universalistes et individualistes, sectes multitudinaires et richissimes, politiquement influentes et économiquement stimulantes : Sôka gakkai, Tenri kyô, Risshô koseikai, etc.

Dès qu'un réservoir de ferveur s'épuise, un substitut entre en fonction, fût-il bricolé ou latéral, ou même régressant du religieux au superstitieux (pour garder les catégories en usage).

4) *La croyance*. Nos plis de langage opposent les croyants aux incroyants. Cet alibi commode revient à rabattre notre « croire que » inéluctable et quotidien sur le « croire en » propre à la foi chrétienne. Et à passer par pertes et profits la structure fiduciaire qu'exige tout édifice de civilisation, du papier-monnaie (l'assignat s'appelait billet de confiance) jusqu'à la chefferie politique (la croyance dans le pouvoir est constitutive du pouvoir). Tous les humains sont croyants, pour autant qu'ils se jettent dans l'action en anticipant sur un avenir. L'incroyance est le luxe des légumes.

La philosophie, depuis Platon, a bâti une antinomie entre le croire et le savoir, comme entre noir et blanc, non sans reconnaître entre les deux, dans le dégradé de nos conduites, une échelle à multiples barreaux. Elle s'échelonne, de bas en haut, de l'*opinion* jusqu'à l'*évidence* en passant par l'*inférence*. À mi-chemin se tient la *conviction*, certitude intime et ferme, suffisante pour l'action mais théoriquement indémontrable. Une conviction est une *certitude subjective* mais qui admet une possibilité logique d'erreur. Une *croyance* est une conviction morale, pratique et personnelle, qui peut se passer d'argumentations intellectuelles[1]. Quelles que soient les nuances – et rien n'est moins monochrome que le royaume de la croyance aux mille coloris –, il est clair qu'un homme ne meurt que pour des idées plus ou moins improbables. « On n'est martyr, disait Renan, que pour les choses dont on n'est pas très sûr. » Il n'est pas intellectuellement correct d'affirmer d'un objet plus qu'on n'en sait ; aussi est-il toujours déraisonnable de courir un risque, et pis encore de remuer des montagnes. Le domaine des idées socialement efficaces, qui ne le seraient pas sans quelque fidélité, loyauté ou aveugle foi chez les acteurs qu'elles mettent en branle, est le continent noir des philosophes de l'entendement. Ces derniers prisent la vérité plus que l'efficacité, sans s'aviser que la première nuit perfidement à la seconde. À trop s'attarder sur ce paradoxe, il n'advient, dans cette vénérable discipline, que des ennuis. Aussi la médiologie, qui aurait pu s'apparenter, si elle s'était

1. Voir Kant, *Critique de la raison pure*, méthodologie transcendantale, troisième section, « De l'opinion, du savoir et de la foi » : « La pierre de touche servant à reconnaître si la croyance est une conviction ou une simple persuasion consiste dans la possibilité de la communiquer et de la trouver valable pour la raison de chaque homme. »

prise pour une science, aux sciences *accréditives* et non cognitives, a-t-elle dû s'exiler hors des apanages philosophiques. L'animal doué de raison se résiste à prendre acte que les moments cruciaux d'une existence, ceux où l'on choisit d'aller aux galères ou à la potence, voire devant monsieur le maire ou à l'isoloir pour prendre femme ou parti, ainsi que les grands soulèvements de foule qui refont la mappemonde depuis le néolithique, reposent sur, ou dépendent d'une sorte de délire. Ce manquement au bien-penser est stigmatisé sous le nom de croyance, terme auquel le premier Wittgenstein ne reconnaissait aucune valeur logique, n'y voyant qu'un état psychique individuel, évanescent, informalisable et résistant à toute définition.

Même si dans la vie de tous les jours nous sommes contraints d'aller à l'aventure sans contrat de garantie, nos croyances les mieux admises ne se légitiment pas d'un n'importe quoi, ni n'importe comment. Elles se veulent dignes de foi, produisent leur certificat de réalité et exigent un sol ferme. Les Évangiles attestent la croyance en la résurrection du Christ, où se retrouvent toujours les frères séparés de cette communion, non pas seulement par ce que les saintes femmes ont vu (le tombeau vide) mais par ce que Madeleine a entendu (la voix du Ressuscité) et ce que les disciples ont touché (*Mets ta main dans mon côté*). Le mythe le plus paradoxal produit ses accréditations, témoignages et affidavit, et la centrale nucléaire en exige d'autres que le moulin à eau. La question cruciale – « À quoi peut-on se fier, ou à quel saint se vouer ? » – exige des titres de crédibilité, et chaque culture, comme chaque époque à l'intérieur d'une culture, valide ses délires. Il y a même des endroits et des moments où le terme de croyance est étranger à l'expérience. Dans la langue des Penan de Bornéo comme dans celle des Mangbetu du Cameroun ou, gageons, des aborigènes australiens, l'expression « Je crois en Dieu » est intraduisible. D'abord, en ce qu'elle suppose, côté sujet, un rapport volontaire à l'invisible, personnel et intérieur, donc un *moi* distinct du *nous* et de ses représentations tribales ou claniques. Ensuite, parce qu'elle suppose, côté objet, un *il* (ou un *ils*), plus ou moins lointain et hypothétique, alors que le transcendant est là-bas incorporé à l'existant. Quand on est dans la croyance, et que le savoir n'existe pas comme une catégorie à part, la croyance n'existe pas (et la conversion encore moins). Les rédacteurs de la Bible ignoraient jusqu'au mot. Et pour les Occidentaux du XIIIe, *Credo in unum Deum* ne signifiait pas, comme pour nous modernes, parier sur l'existence de Dieu, comme si c'était un sujet de conjecture possible, mais donner son cœur à Dieu, présence en elle-même indubitable.

À la barre du tribunal du Savoir, la croyance plaidera coupable : c'est une marque de privation – de preuves, d'arguments, d'évidence et même d'éthique. À la barre du tribunal de la Praxis, notre degré zéro du savoir se retournerait en témoin à charge contre le vérifiable. C'est ici le tonus et la puissance – croire, c'est croître. Elle pousse à se battre, à aimer, à retrouver ce qu'on a perdu, à parier sur l'incertain, à gagner des élections ou à la Bourse, et même à guérir physiquement (effet placebo). La faiblesse de croire est force vitale, et si « c'est un tort, partout et pour quiconque, de croire quoi que ce soit sur la base d'une évidence insuffisante » (principe de Clifford), alors c'est un tort d'exister, toujours, partout et pour quiconque. Ce qui est sans doute le cas, mais il nous faut bien faire avec. Il découle de là qu'il n'y a pas, comme l'a cru l'âge doré des Lumières, un jeu à somme nulle entre le croire et le savoir (le jour se lève, la nuit s'en va). Aussi ne doit-on pas se plaindre du peu d'effet des technosciences sur la folie d'y croire. Les logiciens peuvent argumenter tout leur saoul contre cette indignité épistémique, et même à coups de marteau, mais comme ils se trompent de clou, ils donnent des coups d'épée dans l'eau ; et il y a quelque chose de navrant à voir de nos jours les philosophes analytiques disserter avec toute la rigueur des formalismes scolastiques (classements, alternatives, citations d'autorités et énumération d'*ismes*) sur les relations entre croyance et vérité, en oubliant rien de moins que le corps, le temps, le groupe et la mort. Le sujet connaissant est une première personne du singulier, *je* pense, donc *je* suis. Et un vacancier qui a levé le camp ou filé à l'anglaise, tel le cavalier Descartes retranché dans son poêle à Amsterdam. Le sujet croyant est en général une première personne du pluriel (on pense seul, on croit en chœur), et ce *nous* se remémore ou s'attend en fonction de promesses, de vestiges ou de supputations. On y croit, on y va. Croyance est associée à créance, comme crédit à confiance, tous termes dérivés du latin *credo*, et d'une racine indo-européenne *kred'*. Quand je fais crédit, en créancier ou en fidèle, à un homme ou à un dieu, je lui *confie* une chose avec la certitude de pouvoir la récupérer plus tard (avec en retour un intérêt simple ou une faveur divine *accrue*). Je parie sur de l'inconnu. J'escompte un retour sur investissement. J'attends. J'emprunte, je gage, je prête, je fais serment, je promets, j'anticipe, je lègue : une conscience devrait être un pur présent, une rhapsodie d'étincelles mort-nées, pour pouvoir ne faire confiance à rien ni personne, sans avoir à préjuger, injustifiablement, d'une issue, d'une suite ou d'un résultat. Pour l'heure, et même s'il n'est pas interdit, tel le théologien, de raisonner sa foi, ce n'est pas le même homme en nous qui raisonne et qui croit, tant il est vrai que nous sommes assez plastiques et malléables pour jouer plus d'un rôle dans un scénario de vie, en fonction des urgences. Inutile, par conséquent, de jouer l'un contre l'autre le *Cogito* et le *Credo*. Pourquoi ne pas plutôt discerner sans condamner ? Il y a un temps pour le conjonctif et un temps pour le retrait. Un temps pour les funérailles et un temps pour l'inventaire. Un pour l'unisson, un autre pour la fausse note. L'ermitage ne nie pas l'agora, ni le doute méthodique du soir, l'enthousiasme d'un matin. Ni la paix, toujours enviable, la nécessité, parfois, d'en découdre. Disons, en raccourci : la Raison communielle a ses raisons que la raison individuelle réprouve. L'acte de connaissance permet de grands progrès, mais l'acte de foi, de grandes actions.

Au contraire des théories scientifiques, les doctrines morales, esthétiques ou philosophiques, qui se distinguent des premières par leur désinence en *isme*, ne s'épuisent ni ne se résument dans et par leur contenu notionnel. Les motifs qu'on a d'y souscrire tiennent beaucoup moins à leur valeur intrinsèque, très confusément saisie, qu'au volume et à la qualité des autres adhérents, avec la chaleur communautaire et l'estime de soi qu'elles sont susceptibles de nous offrir. C'est ce qu'avait fort bien vu le peintre-écrivain Jean Dubuffet, à propos du surréalisme et de l'existentialisme. La nature, écrit-il, de ce genre de doctrine est « d'être épousée plutôt que comprise ou même conçue, et en tout cas épousée d'abord. D'ailleurs, en toute doctrine le baptême précède le catéchisme. C'est bien après le baptême qu'on tâche de définir et on ne parvient jamais à définir. C'est déjà un commencement de refroidissement que de chercher à définir[1]. » Le nombre de chrétiens qui ne croient plus en Dieu, ou de juifs qui ignorent les six cent treize commandements rabbiniques, atteste, entre mille autres exemples, que l'appartenance prime la croyance, et peut se passer d'un examen de fond. L'adhérer ne serait-il pas la rançon du participer, ou le prix à payer pour pouvoir dire *nous autres*, et, par là, se fondre dans un ensemble valorisant ? Il peut y avoir du sens sans relation, il ne peut y avoir de relation sans un sens, décision

1. Dubuffet-Paulhan, *Correspondance 1944-1968*, « Les Cahiers de la NRF », Gallimard, 2003, p. 326.

toujours arbitraire. La croyance serait alors la petite monnaie d'une appartenance, ne serait-ce qu'à une langue commune, un débours certes un peu ridicule ou saugrenu, mais amplement rétribué par ses revenants-bon effectifs et affectifs. Et qui échappe à notre volonté dès lors qu'intervient une prise en corps. On peut sans doute concevoir sur le papier un existant inconsistant, infraprolétarisé, délié de tout, sans attaches, ni mémoire, ni projet, qui n'appartiendrait qu'à son présent et ne devrait rien à personne. Ce zombie n'existe qu'au Père-Lachaise, et pas même dans les hôpitaux psychiatriques. Les nihilistes en activité ne lui ressemblent en rien puisqu'ils ont foi dans le rien, s'assemblent en réseau, rédigent des communiqués, conspirent, posent des bombes, au nom d'une cause à défendre et d'une certaine représentation de l'avenir.

Une orthodoxie religieuse porte l'empreinte d'un *nous* solidifié, effervescence d'un moment qui s'est survécu d'une génération à l'autre, telle une braise sauvée de la flambée et maintenue vivace dans l'âtre par le biais hautement paradoxal d'un gel liturgique et doctrinal. On aurait tort, cela posé, d'imputer la persistance des luttes avec l'ange à l'entêtement des ministres du culte. Ce serait prendre l'effet pour la cause. Les doctrines religieuses apparaissent plutôt comme des appareils à sublimer, canaliser et dompter nos pulsions naturelles à la crédulité. Sectes, spiritisme, astrologie, paranormal et voyance : la croyance à l'état sauvage s'en donne à cœur joie lorsque se défait l'institution qui la domestiquait. Une enquête récente sur les sentiments religieux des dix-huit/vingt-neuf ans dans l'Union européenne a pu déboucher sur ce diagnostic déconcertant (au regard d'une certaine candeur intellectualiste) : baisse du religieux, hausse des croyances. Près d'un jeune Européen sur deux croit en une vie après la mort. Églises et temples se vident, mais animisme, réincarnation, halloween, corps énergie et *Da Vinci Code* ont vent en poupe[1].

1. « European value survey », par Yves Lambert, *Futuribles*, juillet-août 2002.

8

Pour nous résumer

Qu'aurions-nous voulu suggérer à un éventuel lecteur, avec ce périple-éclair par monts et par mots ? Que le crépuscule d'une variation historique propre à l'Occident n'est pas l'abolition d'un invariant anthropologique. En clair : l'Invisible n'est pas près de nous lâcher, nous les transitaires d'un monde archiplein anxieux de donner du sens à un non-événement qui en soi n'en a guère : un moucheron de plus ou de moins, vous et moi, sur six milliards.

Invincible et intarissable, notre malfaçon symbolique alimente nos adhésions successives à des énoncés non démontrables, garants d'un ciment distinctif, mais eux-mêmes sans garantie logique. Seul celui qui ne partage rien avec personne, ni langue, ni héritage, ni perspective, peut se targuer de garder une rationnelle et lumineuse souveraineté, sans œillère ni bévue. Autant dire que seuls les morts plaideront non coupable devant le tribunal de la science, car ils ne forment pas un peuple et ont quitté le temps. Partout où il y a non des robots ni des essaims ou des meutes, mais des humains tirant leur force d'une communauté de destin et de valeurs, pour remonter leur pente naturelle à la dispersion, on rencontrera une structure de communion, suspendue à quelque grande absence. « Un supplément d'âme » est sans doute l'une des expressions les plus malheureuses de notre langue : une valeur transcendante n'est pas une valeur ajoutée in extremis, pour faire joli. Elle fournit à l'émergence d'un « nous autres » non une fioriture, mais sa plus endurante armature. Qui sait, par exemple, si quelque catastrophe, quelque attaque extérieure ne donnera pas un jour à la gélatineuse Union européenne, qui a déjà trouvé dans Auschwitz son point focal de ralliement, l'envie de s'arracher non à la servitude mais à son antichambre, l'insignifiance volontaire ?

Les convictions passent. Mais pérenne est le dur désir de durer, et pour cela d'en avoir. Mortels ne sont que les dieux, et périssables, les cultes. Ceux-là ont pour fonction de traduire l'affinité du mammifère fabulateur pour l'invisible en un rapport réglementé au divin.

Incurable en revanche est notre désir de bonnes histoires portant sur l'origine et le fin mot de cette ahurissante aventure, l'humanité. Comment s'y soustraire, si nous sentons assez notre précarité pour tenter de la dénier, à compte propre et à tout prix, par quelque élégant bricolage ou montage symbolique ?

Pour parler crûment : ce n'est pas parce qu'on a un point de côté spirituel qu'on est voué à une obéissance confessionnelle. Mais ce n'est pas non plus parce qu'on est athée qu'on peut se croire incroyant. Une humanité sans irréel serait une humanité sans communions, soit une espèce assez proche des chimpanzés et des bonobos. Lequel d'entre nous garderait face et voix humaines si venaient à s'éteindre ces chorales dont le chant plus ou moins voilé, tel un air de famille, en sourdine, et depuis des millénaires, d'un singe nu fait un être parlant, d'un cadavre puant, une dépouille sacrée, et d'un présent toujours fuyant, une simple note dans une fugue dont la coda n'est écrite par personne ? Car si l'individu est finitude, rien de ce qui est humain n'est jamais fini, ni même défini. Commencée bien avant lui, dans quelque grotte aurignacienne ornée d'aurochs et de bouquetins, qui peut dire que la vie d'un quidam zappeur coincé entre sa télé et son supermarché s'achèvera avec son dernier souffle, sans rejaillir un jour en énigme entre les mains d'on ne sait quels archéologues, anthropologues ou archivistes du XXVe siècle, dont quelque trace miraculeuse – tibia, graffiti, ADN ou *blog* – donnera à son tour de quoi rêver et supputer aux nostalgiques chercheurs du XXXe siècle ?

S'efforcer de ne pas tarir, dans l'immédiat et pour ce qui dépend de nous, ce minuscule, aléatoire et vivifiant filet de mémoire, s'accrocher à ce fil d'Ariane, cela seul nous permet de prendre le pari d'un sens.

Quant à le gagner...

TABLE

Cet ouvrage a été composé et mis en pages
par ÉTIANNE COMPOSITION
à Montrouge.

Achevé d'imprimer en mars 2005
par ***Bussière***
à Saint-Amand-Montrond (Cher)
pour le compte des Éditions Fayard

35-01-2639-9/02

ISBN 2-213-62439-9

Dépôt légal : mars 2005.
N° d'édition : 65768. – N° d'impression : 051343/1.

Imprimé en France